Markus Pfau

Schleusungskriminalität

Markus Pfau

Schleusungskriminalität

Eine Analyse des Phänomens und der polizeilichen Interventionsstrategien

Tectum Verlag

Markus Pfau

Schleusungskriminalität. Eine Analyse des Phänomens
und der polizeilichen Interventionsstrategien

ISBN: 978-3-8288-3009-7

Umschlagabbildung: © Gerd Altmann | pixelio.de
Umschlaggestaltung: Heike Amthor | Tectum Verlag
Printed in Germany

Besuchen Sie uns im Internet
www.tectum-verlag.de

Bibliografische Informationen der Deutschen Nationalbibliothek
Die Deutsche Nationalbibliothek verzeichnet diese Publikation in der Deutschen Nationalbibliografie; detaillierte bibliografische Angaben sind im Internet über http://dnb.ddb.de abrufbar.

Vorwort

Die vorliegende Analyse zum Phänomen der Schleusungskriminalität sowie den sie betreffenden polizeilichen Interventionsstrategien entstand zwischen Juli 2011 und Januar 2012 als Masterarbeit im Studiengang Kriminologie und Polizeiwissenschaften an der Juristischen Fakultät der Ruhruniversität Bochum unter dem Titel: *„Polizeiliche Interventionsstrategien gegen die Schleusungskriminalität – Phänomenologische Entwicklungstendenzen und sich daraus ergebende kriminalstrategische Herausforderungen für die Polizeien des Bundes"*.

Die Motivation zur näheren Auseinandersetzung mit dem Phänomen der Schleusungskriminalität findet ihren Ursprung in meinen polizeipraktischen Erfahrungen als Leiter einer phänomenbezogenen Gemeinsamen Ermittlungsgruppe der Bundespolizei und des Freistaates Sachsen sowie in theoretisch-konzeptionellen Behandlungen des Themas im Rahmen von beruflichen Folgetätigkeiten. Mein Studium an der Ruhruniversität Bochum regte mich dazu an, diese vorhandenen Erfahrungswerte auch unter wissenschaftlichen Gesichtspunkten zu reflektieren und im Lichte dessen meine Masterarbeit mit Blick auf kriminologische und kriminalstrategische Aspekte zu verfassen.

Bereits im Rahmen der Vorrecherchen musste ich feststellen, dass sich der Forschungsstand zum Phänomenbereich sehr heterogen und fragmentativ gestaltet. Eine umfangreiche Phänomenanalyse, die insbesondere die Entwicklungen der vergangenen fünf bis zehn Jahre berücksichtigt, fand sich bisher nicht. Ich habe mich daher für eine relativ weitgehende Analyse der Schleusungskriminalität auf Basis verfügbaren Datenmaterials sowie relevanter Forschungsansätze entschieden. Hierbei verwende ich bewusst einen sehr weiten Blickwinkel und beziehe dabei das weite Feld der irregulären Migration mit ein. Letzteres erschien mir unumgänglich, da die Schleusungskriminalität ohne eine Betrachtung ihrer umfangreichen Wechselwirkungen und Abhängigkeiten zur irregulären Migration nicht erklärbar ist!

Ein weiterer Motivationsschub zur Behandlung des Themas ergab sich für mich aus dem im Dezember 2010 erschienen Abschlussbericht der Kommission zur Evaluierung der Bundessicherheitsbehörden (sog.

Werthebach-Kommission). Die darin enthaltenen Bewertungen und Empfehlungen deuteten meiner Ansicht nach darauf hin, dass Bedeutung, Ausprägung und Struktur des Gesamtphänomenbereichs der irregulären Migration und Schleusungskriminalität seitens der Kommission eine teilweise nicht mehr zeitgemäße und bisweilen fachlich fragwürdige Betrachtung erfahren haben könnten. Eine dementsprechend verfälschte Sichtweise musste sich auch in den Empfehlungen der Kommission, insbesondere zu Zuständigkeiten und Kooperationsformen der Bundessicherheitsbehörden widerspiegeln. Daher habe ich mich dazu entschlossen, im kriminalstrategischen Teil der Arbeit die Ebene der Bundessicherheitsbehörden zu fokussieren und hierbei auch auf relevante Aspekte des Abschlussberichts der sog. Werthebach-Kommission einzugehen. Die Bedeutung der Polizeien der Länder im Phänomenbereich wird daher nur in einem kurzen Exkurs behandelt, woraus sich Raum für Folgeuntersuchungen ergibt.

Im Ergebnis enthält die vorliegende Untersuchung eine umfangreiche Phänomenanalyse, auf deren Basis die wesentlichen phänomenbezogenen Herausforderungen der Gegenwart und Zukunft identifiziert werden. Im Lichte dieser werden die polizeilichen Interventionsstrategien auf Bundesebene analysiert und im Ergebnis Handlungsempfehlungen für eine Optimierung dieser Strategien entwickelt. Ich hoffe, dass diese Handlungsempfehlungen sowie die übrigen Erkenntnisse der Arbeit eine Basis für weitergehende Betrachtungen des oftmals unterschätzten aber insgesamt umso bedeutsameren Phänomens der Schleusungskriminalität bilden können. Überdies würde ich mich freuen, wenn die Ergebnisse Berücksichtigung in den konzeptionellen und strategischen Übergelungen der mit dem Phänomen betrauten Behörden finden.

Abschließend möchte ich noch Herrn Jürgen Kepura für die im Rahmen der hervorragenden Betreuung der Arbeit gegebenen Anregungen herzlich danken. Insbesondere bei der Phänomenanalyse waren mir diese eine wertvolle Unterstützung, die mir erst die Augen für vorher nicht bedachte Aspekte öffnete.

Markus Pfau — Leipzig, im Mai 2012

Inhaltsverzeichnis

Abbildungsverzeichnis

1. Einleitung

Im Jahre 2009 hat die Ständige Konferenz der Innenminister und -senatoren der Länder (IMK) ihr „Programm Innere Sicherheit" auf den heutigen Stand fortgeschrieben. Neuen kriminalstrategischen Herausforderungen Rechnung tragend fokussierte die IMK hierbei insbesondere grenzüberschreitende, sich zunehmend internationalisierende Kriminalitätsfelder. Eine wesentliche Bedeutung sieht sie dabei in Wanderungsbewegungen nach Europa und damit auch nach Deutschland. „Migration von Menschen – sowohl zeitweilig als auch dauerhaft – ist in einer vernetzten und wirtschaftlich globalisierten Welt Normalität."[1]

Mit Blick auf die internationalen Wanderungspotentiale konstatieren die Vereinten Nationen gegenwärtig ein akutes Migrationspotential[2] von weltweit nahezu 214 Millionen Menschen.[3] Davon haben etwa 61 Millionen Menschen Europa als Ziel. Die Europäische Union reagierte gegenüber diesem Migrationspotential entlang ihrer Außengrenzen bislang mit Maßnahmen der Abschottung. Möglichkeiten legaler Migration bieten sich den migrationswilligen Menschen nur in einem vergleichsweise eingeschränkten Maße. Diese verstärkte Beschränkung der legalen Zuwanderung hatte im Ergebnis jedoch nicht nur einen Anstieg der irregulären Migration zur Folge. Verstärkte Grenzsicherungsmaßnahmen führten zudem dazu, dass sich Einreisewillige in hohem Maß an Schleuserorganisationen wenden, um nach Europa zu gelangen.[4] Dieses Geschäft mit der irregulären Migration hat sich so im Verlaufe der vergangenen 20 Jahre zu einer lukrativen Alternative zum Drogenhandel und damit auch zu einem wesentlichen Handlungsfeld der Organisierten Kriminalität entwickelt.

Mit der gewachsenen Bedeutung der irregulären Migration und Schleusungskriminalität hat sich in den letzten 20 Jahren auch die kriminalstrategische und konzeptionelle Auseinandersetzung der Sicherheitsbehör-

---

1 Ständige Konferenz der Innenminister und -senatoren der Länder (2009, S. 11)

2 Begriffsdefinition siehe Ziffer 2.1.3

3 Vgl. United Nations, Department of Economic and Social Affairs, Population Division (2009)

4 Vgl. Bundesministerium des Innern; Bundesministerium der Justiz (2001, S. 331)

den mit diesem Phänomenen rapide gewandelt. So führte das Bundeskriminalamt seine jährliche Herbsttagung im Jahre 1990 unter dem Titel „Organisierte Kriminalität in einem Europa durchlässiger Grenzen" durch. Studiert man die hierzu erstellten Tagungsprotokolle, sucht man eine kriminalstrategische Auseinandersetzung mit der Schleusungskriminalität vergeblich. Erst zu Beginn und in hohem Maße zur Mitte der 1990er Jahre zwangen die sicherheitspolitischen Realitäten, welche sich insbesondere durch steigende Aufgriffszahlen irregulärer Migranten und einem Anstieg der grenzüberschreitenden Organisierten Kriminalität kennzeichneten, zu einer intensiven Auseinandersetzung mit der irregulären Migration und Schleusungskriminalität. Seitdem sind diese Phänomenbereiche auch in der Öffentlichkeit präsent.[5] Wie später noch deutlicher herauszustellen sein wird, werden diese Deliktfelder trotz sinkender Fallzahlen im Hellfeld nach dem Ausbau des Schengenraumes und dem damit einhergehenden Wegfall der Kontrollen an den Außengrenzen Deutschlands auch in Zukunft eine herausragende sicherheitspolitische Bedeutung behalten. Laut dem World Migration Report 2010[6] gehören Arbeitskräftemobilität, irreguläre Migration, Integration, ökologische Veränderung und die Steuerung von Migration zu jenen Themenbereichen, die in den kommenden Jahren von den größten Veränderungen betroffen sein werden. Auch leitende Vertreter deutscher Sicherheitsbehörden folgen dieser Einschätzung, so beispielsweise der Präsident des Bundespolizeipräsidiums, Matthias Seeger: „Ich bin der Überzeugung, dass wir erst am Anfang sind, das Thema irreguläre Migration in seiner Tragweite und mit all seinen Folgen für die Sicherheit und Stabilität in und für Europa zu begreifen. Es geht darum, die Stabilität der europäischen Länder zu schützen und den sozialen Frieden nachhaltig zu sichern."[7]

Aus dieser Erkenntnis ergeben sich bereits per se wesentliche Herausforderungen für die zuständigen Sicherheits- und Regulierungsbehörden. So scheint unstrittig, dass Migration einerseits erforderlich ist, um demografiebedingten Auswirkungen auf den Arbeitsmarkt und soziale Sicherungssysteme entgegen zu wirken. Andererseits muss sich Migrati-

5 Vgl. ausführlich hierzu Stock, Jürgen (2009)

6 Vgl. ausführlich hierzu International Organization for Migration (2010)

7 Seeger, Matthias (2011, S. 151)

on im gesetzlichen Rahmen bewegen und darf nicht zu einem Anstieg der Kriminalität beitragen. Besagte Behörden agieren so ein einem permanenten Spannungsfeld. Ihre Rolle wandelt sich „von der Mauer zum Filter" für Migrationsbewegungen in und durch den europäischen Raum der Freiheit, der Sicherheit und des Rechts.

Zu diesem Grundspannungsfeld treten weitere Herausforderungen. So sprechen Erfahrungswerte der vergangenen Jahre dafür, dass die organisierten Schleusernetzwerke zunehmend professioneller, konspirativer und skrupelloser vorgehen. Auch scheinen die Täter oftmals nicht allein auf dem Feld der Schleusungskriminalität zu agieren. Vielmehr werden regelmäßig Überschneidungen zu anderen kriminellen Aktionsfeldern der Täter, wie etwa Drogenhandel, Hehlerei oder – in Einzelfällen – auch die logistische Unterstützung terroristischer Netzwerke, durch Fachwelt und Politik hervorgehoben. Die für den deutschen Bürger in seinem Nahbereich sichtbare Kriminalität (Taschendiebstahl, Einbrüche, Schwarzarbeit, Zwangsprostitution etc.) erscheint insofern oftmals als lokale Ausprägungen international agierender krimineller Netzwerke.

Vieles spricht dafür, dass der Schleusungskriminalität bei der Bekämpfung dieser internationalen Netzwerke eine Schlüsselrolle zukommt. „Die wirkungsvolle und nachhaltige Bekämpfung grenzüberschreitender Schleusungskriminalität ist der Schlüssel zur Bekämpfung organisierter krimineller Netzwerke, die sich in den europäischen Ländern festsetzen. Wirft man diesen Schlüssel weg oder lässt ihn im Sinne einer Prioritätensetzung auf andere Kriminalitätsfelder „in der Tasche", läuft man Gefahr den Entwicklungen der organisierten Kriminalität immer hinterherzulaufen und das Vertrauen der Bürger in das Gemeinwesen mit seinen rechtsstaatlichen Instrumenten nachhaltig zu erschüttern."[8]

Diese Arbeit will untersuchen, ob die bestehende Sicherheitsstruktur Deutschlands den bei der Bekämpfung der Schleusungskriminalität gegenwärtig und zukünftig auftretenden Herausforderungen in ihrer konzeptionellen und (kriminal-)strategischen Ausrichtung gewachsen ist.

---

8 Seeger, Matthias (2011, S. 152)

Auf polizeilicher Seite sind neben den im Rahmen ihrer allgemeinen Zuständigkeit tätigen Polizeien der Länder im Wesentlichen die Bundespolizei und – mit zu thematisierenden Einschränkungen – das Bundeskriminalamt mit der Bekämpfung der Schleusungskriminalität befasst. Daneben existieren Schnittmengen zu den Aufgaben der Finanzkontrolle Schwarzarbeit der Bundeszollverwaltung. Der eingrenzende Fokus der folgenden Ausführungen wird daher auf diesen zuständigen Bundessicherheitsbehörden liegen.

Eine solche Untersuchung bedarf einer interdisziplinären Herangehensweise. So wird zunächst die Entwicklung der Schleusungskriminalität in den vergangenen 20 Jahren aus einem phänomenologisch-kriminologischem Blickwinkel betrachtet. Auf dieser Basis werden die wesentlichen Herausforderungen für Gegenwart und Zukunft identifiziert und sodann einer kriminalstrategischen Betrachtung unterzogen. Im Ergebnis werden so Optimierungspotentiale und Handlungsempfehlungen für die konzeptionell-strategische Ausrichtung der o.g. Bundessicherheitsbehörden abgeleitet. Eine besondere Berücksichtigung bei der kriminalstrategischen Betrachtung werden die im Dezember 2010 vorgelegten Ergebnisse der Evaluierung der Bundessicherheitsbehörden (sog. Werthebach-Kommission) erfahren. Der zugehörige Bericht[9] wurde in der Fachwelt und auch in der sicherheitspolitischen Debatte kontrovers diskutiert. Wesentliche Empfehlungen betreffen den strategischen Ansatz der auf die Bekämpfung der Schleusungskriminalität spezialisierten Bundespolizei sowie deren Schnittstellen zum Bundeskriminalamt. Insofern bedurften die dahingehenden Schlussfolgerungen einer Einbeziehung bei der Untersuchung des Forschungsgegenstandes[10].

---

9 Kommission „Evaluierung Sicherheitsbehörden" (2011): Kooperative Sicherheit. Die Sonderpolizeien des Bundes im föderalen Staat. Bericht und Empfehlungen der Kommission „Evaluierung Sicherheitsbehörden".

10 Die Bedeutung für die Fragestellung zeigt sich auch an der Ministerentscheidung zu den Ergebnissen der Werthebach-Kommission: *„Die Bekämpfung der schweren und der organisierten Schleusungskriminalität bleibt wie bisher ein wichtiger Baustein im Rahmen der ganzheitlichen Bekämpfung der illegalen Migration durch die Bundespolizei."* (Ziffer 4, Presserklärung BMI vom 28. Juni 2011)

2. Begriffserklärung und Methodik

Im folgenden Kapitel werden zunächst zentrale Begriffe sowie Termini erklärt und im Sinne der zu untersuchenden Fragestellungen definiert. Auf dieser Basis erfolgt sodann eine thematische Eingrenzung durch Beschreibung der forschungsleitenden Fragestellung und Bildung von Arbeitshypothesen, die im Verlaufe der Arbeit untersucht werden sollen. Anschließend wird das methodische Vorgehen dargestellt.

2.1. Begriffsdefinition

Zentraler Begriff der Arbeit ist die in phänomenologischer Hinsicht zu untersuchende Schleusungskriminalität, welche es terminologisch einzugrenzen gilt. Beim Versuch dessen, stößt man auf gleich bzw. vermeintlich gleich gelagerte Begriffe, wie ‚Menschenschmuggel', ‚Schlepperei' oder – im internationalen Kontext – ‚Smuggling'. Auch wird Schleusungskriminalität in ihrer Bezeichnung als Menschenschmuggel oftmals irrig mit dem ‚Menschenhandel' synonym verwendet. Hier ist eine Klarstellung erforderlich.

Eine phänomenologische Betrachtung der Schleusungskriminalität kann zudem nicht unter Außerachtlassung des Grundphänomens, nämlich der irregulären Migration erfolgen. Auch hierzu existieren diverse terminologische Entsprechungen. So finden sich neben der Zuschreibung ‚irregulär' auch Begriffe wie ‚illegal', ‚undokumentiert' oder ‚unerlaubt'. Es soll daher zunächst die ‚irreguläre Migration' definiert werden, um auf dieser Basis weitere zentrale Begriffe zu klären. Die Definition weiterer Termini, die nur für Teile der Arbeit Relevanz besitzen, erfolgt an entsprechender Stelle in Fußnoten.

2.1.1. Irreguläre Migration

Migration kann sowohl eine nationale, als auch eine internationale Dimension besitzen. Die nationale Dimension, welche sich insbesondere durch Wanderungsbewegungen zwischen verschiedenen Landesteilen und in besonderem Maße vom Land in die Stadt innerhalb eines Staates ausprägt, ist für die Untersuchung der dargestellten Thematik nicht von Interesse.[11] Für eine Betrachtung der Schleusungskriminalität besitzt lediglich die internationale Dimension Relevanz, da – in der Regel – nur diese gesetzlich reguliert, strafrechtlich sanktioniert und hierdurch mit dem ‚Label der Irregularität' versehen ist.

Die Vereinten Nationen haben daher in den 1990er Jahren versucht, die terminologische Grundlage für eine weitgehende Rechtsharmonisierung zu legen. Danach ist eine Person ein ‚internationaler Migrant', wenn sie ihr Hauptaufenthaltsland verändert.[12] „Der internationale Vergleich zeigt [jedoch], dass die Umsetzung dieser international einheitlichen Definition [in den nationalen Rechtsordnungen] mangelhaft ist."[13] Dies wird insbesondere mit dem Fehlen einer zeitlichen Dimension der Veränderung des Hauptaufenthaltslandes in der Definition begründet. Hierdurch entstehen Auslegungsoptionen, die eine umfassende Rechtsharmonie erschweren.

Eine begriffliche Vielfalt zeigt sich auch in Bezug auf die Wahl des Attributes für die Form der internationalen Migration, die gesetzlichen Normen zuwider läuft (s.o.).[14] Die noch in jüngerer Vergangenheit im deutschen Sprachraum am stärksten ausgeprägte Beschreibung ‚illegale Migration' wird aufgrund der ihr innewohnenden Zuschreibung kriminellen Verhaltens zunehmend als stigmatisierend bzw. herabsetzend empfunden.[15] Aus diesem Grund findet in den nachfolgenden Ausführungen der Begriff ‚irreguläre Migration' Verwendung. Dieser wird wie folgt definiert: *Irreguläre Migration ist die nationale Grenzen überwindende, nicht nur kurzfristige Veränderung des Hauptaufenthaltslandes eines Migranten, die gegen internationale oder nationale Rechtsnormen zur Regulierung von Migrationsbewegungen verstößt.*[16]

---

[11] Ebenso wenig ist eine Untersuchung der EU-Binnenmigration freizügigkeitsberechtigter EU-Bürger als Sonderfall der internationalen Migration im Kontext dieser Arbeit relevant.

[12] Vgl. United Nations (1998)

[13] Borchers, Kevin (2008, S. 24)

[14] Vgl. ausführlich Kepura, Jürgen / Niechziol, Frank (2011, S. 543-544)

[15] nähere Erörterung dieser Problematik unter Ziffer 3.1.2

[16] Arbeitsdefinition des Verfassers

Die Erstellung dieser Arbeitsdefinition erscheint im Sinne einer Operationalisierung des Begriffes ‚irreguläre Migration' erforderlich, da die in der Literatur verwendeten Definitionen zumeist vom jeweiligen Studien- und Publikationszweck abhängig sind und damit regelmäßig divergieren.

2.1.2. Schleusungskriminalität vs. Schleuserkriminalität

‚Schleusungskriminalität' ist zunächst vom Begriff der ‚Schleuserkriminalität' abzugrenzen. Letztere beinhaltet nur solche Verhaltensweisen, die sich als direkte Beteiligung an der unerlaubten Einreise und dem unerlaubten Aufenthalt bzw. dem Einschleusen von Ausländern i.S.d. §§ 96, 97 Aufenthaltsgesetz gestalten. Der Begriff ist somit sehr eng gefasst und in direkter Anlehnung an die unmittelbar einschlägigen Strafnormen definiert. Die ‚Schleuserkriminalität' kann synonym mit dem oft anzutreffenden Begriff ‚Menschenschmuggel' verwendet werden. Letzterer leitet sich von dem im Englischen für das Einschleusen von Ausländern verwendeten Terminus ‚smuggling' ab, was auch dessen häufiges Antreffen in der Fachliteratur erklären könnte.[17]

Der Begriff ‚Schleusungskriminalität' geht nach Neske[18] hingegen weit darüber hinaus. *Er umfasst alle mit unerlaubter Einreise und dem Einschleusen von Ausländern in Zusammenhang stehende Delikte, wie etwa Urkundendelikte oder illegale Beschäftigung.*[19] In dieser Definition beinhaltet die ‚Schleusungskriminalität' auch alle Ausprägungsformen der ‚Schleuserkriminalität' und kann so als Oberbegriff verwendet werden.[20]

Damit sind auch die mit dem Einschleusen von Ausländern im Zusammenhang stehenden Fälle des Menschenhandels[21] der ‚Schleusungskri-

---

17 Vgl. International Centre for Migration Policy Development (1999, S. 17)

18 Vgl. Neske, Matthias (2007, S. 20)

19 Definition nach Neske, Matthias (2007) in enger Anlehnung an die in den Gremien des Arbeitskreises II der Innenministerkonferenz gebräuchliche Arbeitsdefinition.

20 Vgl. hierzu auch Minthe, Eric (2002, S. 19-20)

21 Begriffsdefinition nach United Nations (2000, Art. 3a): *„Menschenhandel umfasst die Anwerbung, Beförderung, Verbringung, Beherbergung oder den Empfang von Personen durch Anwendung von Gewalt oder anderen Formen der Nötigung, durch Ent-*

minalität' im Sinne dieser Arbeit zuzuordnen. Zwar ist der Menschenhandel sowohl strafrechtlich als auch kriminologisch[22] vom Einschleusen von Ausländern zu unterscheiden. So stellt Heckmann fest, dass „Menschenschmuggel [...] die assistierte illegale Einreise [ist]. Menschenhandel [dagegen] bedeutet nach internationalem Verständnis die Ausbeutung illegal eingereister Personen im Zielland."[23] Dies spiegelt sich rechtssystematisch darin wieder, dass der Menschenhandel in den §§ 232, 233 StGB als Teil des allgemeinen Strafrechtes sanktioniert wird, während sich die Kerntatbestände der Schleusungskriminalität, das Einschleusen von Ausländern, in den §§ 96, 97 des Aufenthaltsgesetzes als Nebenstrafrecht normiert finden[24]. Allerdings ist „Menschenhandel [...] eine Form der Organisierung illegaler Migration"[25] und damit im phänomenologischen Kontext der ‚Schleusungskriminalität' zu berücksichtigen.

2.1.3. Migrationspotential

Diese Arbeit setzt sich mit einer phänomenologischen Analyse der Schleusungskriminalität auseinander. Zur Prognose künftiger Entwicklungen ist daher auch eine Betrachtung des relevanten Potentials für irreguläre Migrationsströme erforderlich. Nach Schmid bezeichnet *„‚Migrationspotential' [...] die Abwanderungswilligen einer Region, die sich für den Verbleib am Ort keine Erfüllung von Lebenszielen versprechen und daher zu einem günstigen Zeitpunkt und auf verschiedensten Wegen in eine*

---

führung, Betrug, Täuschung, Missbrauch von Macht oder Ausnutzung besonderer Hilflosigkeit oder durch Gewährung oder Entgegennahme von Zahlungen oder Vorteilen zur Erlangung des Einverständnisses einer Person, die Gewalt über eine andere hat, zum Zwecke der Ausbeutung. Ausbeutung umfasst mindestens die Ausnutzung zur Prostitution oder anderer Formen der sexuellen Ausbeutung, Zwangsarbeit oder Zwangsdienstbarkeit, Sklaverei oder sklavenähnlichen Praktiken, Leibeigenschaften oder die Entnahme von Körperorganen." In der Literatur wird auch der im engl. Sprachraum übliche Terminus ‚Human-Trafficking' verwendet.

22 so insbesondere in Bezug auf ihre Victimologie, Tatmotivationen und -ziele sowie geschützte Rechtsgüter; Vgl. hierzu ausführlich Iselin, Brian; Adams, Melanie (2003)

23 Heckmann, Friedrich (2004, S. 3)

24 Beide Kerntatbestände sind jedoch in ihrem Strafrahmen gleichgestellt!

25 Heckmann, Friedrich (2004, S. 140)

aussichtsreichere Region migrieren wollen. Migrationspotential entsteht aus der regionalen Diskrepanz demografischer, ökonomischer, politischer und ökologischer Umstände."[26] Dieser Definition schließt sich der Verfasser an, da sie in sich widerspruchsfrei erscheint und den Konsens in einschlägigen Forschungen darstellt.

2.1.4. Illegalität

Im Kontext der irregulären Migration findet oftmals der Begriff ‚Illegalität' Anwendung. Hierzu existiert in der deutschen Rechtssetzung keine (Legal-)Definition. Der Terminus ist allenfalls von Einzelnormen wie der ‚illegalen Einreise', dem ‚illegalen Aufenthalt' oder der ‚illegalen Arbeitsaufnahme' ableitbar.

Die Zugänge in die ‚Illegalität' sind vielfältig. Sie reichen vom Erlöschen des regulären Aufenthaltstitels (z.B. Visumablauf) bis zum scheinlegalen Aufenthalt (z.B. sog. Scheinehen). Nicht zuletzt deshalb bedarf es aus kriminologischem Blickwinkel eines kritischen Umgangs mit dem Begriff ‚Illegalität', kann doch damit eine Stigmatisierung oder gar Diskriminierung[27] irregulärer Migranten verbunden sein. So wird ‚Illegalität' regelmäßig mit kriminellem, bzw. delinquentem Verhalten i.e.S. verbunden. Ein solches legen irreguläre Migranten jedoch nur teilweise an den Tag. Vielmehr verstoßen sie stattdessen ‚nur' gegen gesetztes Recht, das für deutsche Staatsbürger bzw. Freizügigkeitsberechtigte keine Strafbarkeit oder Bußgeldbewährung entfaltet[28].

Im thematischen Kontext dieser Arbeit beschreibt *‚Illegalität' die Phase nach abgeschlossener unerlaubter Einreise, mithin das Stadium der Verfestigung des unerlaubten Aufenthalts, das durch statusimmanente Verstöße irregulärer Migranten gegen regelmäßig straf- oder bußgeldbewährte Einzelnormen zur Regulierung der Migration nach Deutschland sowie des Arbeitsmarktes in Deutschland gekennzeichnet ist. Die ‚Illegalität' findet primär im Dunkelfeld,*

26 Schmid, Susanne (2010, S. 13)

27 so insbesondere die Sichtweise diverser NGO / Menschenrechtsorganisationen

28 exemplarisch: Der § 95 AufenthG (unerlaubte Einreise und Aufenthalt) ist durch deutsche Staatsbürger bzw. freizügigkeitsberechtigte Ausländer nur als Beihilfetat erfüllbar. Den Grundtatbestand können allein nicht-freizügigkeitsberechtigte Ausländer verwirklichen.

also ohne konkrete Kenntnis der Kontroll- und Regulierungsbehörden statt.[29] Die Erstellung dieser Arbeitsdefinition ist erforderlich, da bei der Betrachtung der Schleusungskriminalität und deren Bewertung in kriminalstrategischer Hinsicht im Sinne dieser Arbeit der Phase der ‚Illegalität' eine besondere Bedeutung zukommt[30].

2.2. Forschungsleitende Fragestellungen

Die vorliegende Arbeit untersucht, inwiefern die durch die betroffenen Bundessicherheitsbehörden Bundespolizei, Bundeskriminalamt und Finanzkontrolle Schwarzarbeit ausgefüllten Strategien zur Bekämpfung der Schleusungskriminalität den gegenwärtigen und künftigen phänomenbezogenen Herausforderungen entsprechen. Diese Untersuchung soll anhand der nachstehenden Kernfragestellungen erfolgen:

I. Wie hat sich die Schleusungskriminalität in den vergangenen zwei Dekaden phänomenlogisch entwickelt und welche Herausforderungen für ihre Bekämpfung sind daraus erwachsen?

II. Sind die zuständigen Sicherheitsbehörden **des Bundes** diesen Herausforderungen in ihren phänomenbezogenen konzeptionellen und strategischen Grundausrichtungen gewachsen?

Der Erforschung der ersten Fragestellung wird sich das *Kapitel 3* widmen. Hierbei reduzieren sich die Ausführungen jedoch nicht eng auf den Begriff der Schleusungskriminalität, sondern setzen vielmehr bei der Betrachtung des im eigentlichen Sinne übergeordneten Phänomens der irregulären Migration an. So wird diese in kriminalwissenschaftlich relevanter Hinsicht ebenso beleuchtet wie im Hinblick auf verfügbare Daten zu Hell- und Dunkelfeld und modi operandi. Darin eingebettet wird die Schleusungskriminalität in struktureller Hinsicht untersucht. Im *Kapitel 4* wird sodann ein Zwischenfazit in Form einer Zusammenfassung wesentlicher Ergebnisse der phänomenologischen Betrachtung gezogen. Auf dieser Basis widmet sich das *Kapitel 5* der Erforschung der

[29] Arbeitsdefinition des Verfassers

[30] So stellt sich insbesondere die Frage, ob und inwieweit Bekämpfungsstrategien wirksam bei der ‚Illegalität' ansetzen können.

zweiten dargestellten Kernfragestellung und damit einer Bewertung, inwiefern die aktuellen Konzepte, Zuständigkeiten, Befugnisse und Organisationsstrukturen bei der Bekämpfung der Schleusungskriminalität den vorliegenden Herausforderungen entsprechen.

Im *Kapitel 6* erfolgen eine Zusammenfassung der Ergebnisse sowie die Darstellung etwaiger Optimierungspotentiale für die kriminalstrategische Ausrichtung der betroffenen Sicherheitsbehörden. Zum Abschluss bietet Kapitel 7 einen finalen Ausblick nebst Benennung weiteren Forschungsbedarfs.

2.3. Arbeitshypothesen

Im Vorfeld der Untersuchung hat der Verfasser die nachfolgenden Arbeitshypothesen entwickelt, deren Überprüfung eine präzisierende Richtschnur bei der Untersuchung des Forschungsgegenstandes bildete:

I. Die Schleusungskriminalität ist heute ein Schlüsselhandlungsfeld Organisierter Kriminalität (OK). Ihre wirksame Bekämpfung zerschlägt OK-Täterstrukturen und führt dadurch zu einer nachhaltigen Präventivwirkung auch in anderen Kriminalitätsfeldern.

II. Der ganzheitliche Ansatz der Bundespolizei zur Bekämpfung der Schleusungskriminalität ist nicht vereinbar mit dem für die Bekämpfung der Organisierten Kriminalität empfohlenen ‚Unternehmensansatz'[31].

III. Die aus den phänomenologischen Entwicklungen im Bereich der Schleusungskriminalität erwachsenen Herausforderungen erfordern auf die Bekämpfung der Schleusungskriminalität und irregulären Migration spezialisierte Interventionsprozesse auf Bundesebene, welche die Wechselwirkungen regulärer und irregulärer Migration berücksichtigen.

Eine abschließende Bewertung der Validität dieser Thesen erfolgt im *Kapitel 6*.

---

31 Vgl. Bundesministerium des Innern; Bundesministerium der Justiz (2006, S. 483)

2.4. Methodische Vorgehensweise

Die phänomenologisch-kriminologische Betrachtung der Schleusungskriminalität erfolgt grundlegend auf Basis sekundär erhobenem empirischen Materials sowie der Auswertung einschlägiger Studien und Fachliteratur. Auf die Einbeziehung primärer empirischer Methodik wurde verzichtet, da die für derartige Forschungen im Sinne der Fragestellung dieser Arbeit notwendigen Feldzugänge[32] regelmäßig unter behördlichen Genehmigungsvorbehalten stehen. Die Erteilung ebensolcher Genehmigungen wurde aufgrund der Tatsache, dass die vorliegende Arbeit an einer öffentlichen Universität erstellt wurde, im Vorfeld als sehr unwahrscheinlich prognostiziert. Im Ergebnis blieb dieses ‚innerbehördliche Forschungsfeld' daher unberücksichtigt. Eine Ausnahme bilden die Daten der ‚Polizeilichen Eingangsstatistik der Bundespolizei (PES)' zur Entwicklung der irregulären Migration und Schleusungskriminalität, die nach erteilter Genehmigung des Bundespolizeipräsidiums ebenso in die phänomenologische Betrachtung einbezogen wurden wie die frei zugänglichen Daten der ‚Polizeilichen Kriminalstatistik (PKS)'.

Als Resultat der phänomenologisch-kriminologischen Betrachtung irregulärer Migration sowie des Phänomens Schleusungskriminalität werden die wesentlichen Entwicklungen und Herausforderungen identifiziert. Dem eingangs erwähnten interdisziplinären Grundgedanken folgend, werden diese Ergebnisse und Herausforderungen in kriminalstrategischer Hinsicht kritisch reflektiert.

Nach Berthel ist es „Aufgabe der Kriminalstrategie[33], Überlegungen zu künftigen Entwicklungen in relevanten Phänomenbereichen anzustellen, Szenarien zu entwickeln und daraus eigene Handlungsmuster zu erstel-

---

32 insbesondere polizeiliche Experten, geheimschutzrechtlich eingestufte Auswertungsprodukte, etc.

33 Definition der Deutschen Hochschule der Polizei: *„Kriminalstrategie ist die Teildisziplin der Kriminalistik, die sich basierend auf den Erkenntnissen zur objektiven Kriminalitätslage und zum Sicherheitsgefühl der Bevölkerung unter Berücksichtigung der den Organisationszweck bestimmenden rechtlichen, wirtschaftlichen, kulturellen, historischen, politischen und sozialen Rahmenbedingungen mit der Planung und Organisation der Gesamtheit der Maßnahmen zur Kriminalitätsbekämpfung befasst."* (Lapp, 2010, S. 5)

len."[34] Derartige Handlungsmuster sind in aller Regel nur aus einem interdisziplinären Ansatz heraus ermittelbar und erst Recht nur auf dieser Basis umsetzbar. So geht es heute nicht mehr allein darum, polizeiinterne Strategien zur Kriminalitätsbekämpfung zu entwickeln. Vielmehr bedarf es eines ganzheitlichen strategischen Denkens, das Ursachen und Entstehungsbedingungen einbezieht.[35] Diese Erkenntnis gilt in besonderem Maße für die irreguläre Migration und Schleusungskriminalität, tangiert diese in ihrer internationalen Ausprägung doch nicht nur eine Vielzahl anderer Kriminalitätsfelder, sondern in gleichem Maße auch die Interventions- und Regulierungszuständigkeiten einer nicht unerheblichen Anzahl von Behörden. Schnittmengen und Auswirkungen einer zunächst kriminalstrategischen Betrachtung des Phänomens zur bzw. auf die Kriminalpolitik sind somit unvermeidbar. Die bei umfassender Analyse aufgezeigten Ergebnisse und Erkenntnisse werden stets nicht allein die strategische Dispositionsfreiheit einzelner Akteure betreffen, sondern mit Richtungsweisungen und Empfehlungen für die Ausrichtung und Verzahnung des gesamten Interventions- und Regulierungsgefüges verbunden sein. Schlussfolgernd bereitet Kriminalstrategie damit auch den Weg für eine fach- und sachorientierte Kriminalpolitik.

Für kriminalstrategische Untersuchungen, wie sie in dieser Arbeit vorgenommen werden, gibt es in der Lehre keine allgemeingültige Methodik.[36] Einen Versuch, den Rahmen für eine solche Methodik zu schaffen, haben Dozenten der Deutschen Hochschule der Polizei in den Jahren 2005/2006 unternommen und dabei einen kriminalstrategischen Problemlösungsprozess beschrieben. „[Dieser] ist in erster Linie ein Informationsmanagementprozess. Der Umgang mit Daten und Informationen, ihre gezielte Erlangung, Aus- und Bewertung sowie die Zurverfügungstellung zum Zweck des Einsatzes für Führungsentscheidungen ist das Herzstück kriminalstrategischer Arbeit."[37] Als Kernelemente des kriminalstrategischen Problemlösungsprozesses werden danach a) die Analyse der Ausgangssituation sowie b) die Situationsdarstellung mit Problem- und Ursachenanalyse beschrieben, auf deren Basis dann c) eine

34 Berthel, Ralph (2005, S. 710)

35 Vgl. Lapp, Matthias (2010, S. 18)

36 Lapp, Matthias (2010, S. 11)

37 Berthel, Ralph (2005, S. 711)

Zielbildung und Maßnahmenfestlegung erfolgt, welche dann d) mit einem permanenten Controlling und e) einer finalen Evaluation bewertet werden.[38] Dieser methodische Ansatz kann jedoch nach Ansicht des Verfassers nur als der Auslegung und Ausgestaltung bedürftiger Orientierungsrahmen begriffen werden, da es jeweils auf den konkreten Gegenstand sowie den spezifischen Blickwinkel der kriminalstrategischen Betrachtung ankommt.

So geht es in der vorliegenden Arbeit nicht um die Erstellung einer weitgreifenden Kriminal(delikt-)strategie für die Bekämpfung der Schleusungskriminalität, sondern vielmehr um eine Bewertung vorhandener Strukturen und Konzepte unter kriminalstrategischen Gesichtspunkten. Die aus diesen Überlegungen ableitbaren Optimierungsansätze könnten dann in einem weiteren Schritt die Grundlage zur Erstellung einer solchen umfassenden Deliktstrategie[39] bilden.

Die Reflexion der im folgenden Kapitel mittels phänomenologischer Betrachtung ermittelten Herausforderungen erfolgt demnach nicht im Wege eines ‚standardisierten kriminalstrategischen Analyseverfahrens', sondern vielmehr in einer daran orientierten heuristischen Verarbeitung. In diesem Sinne werden die erkannten Herausforderungen unter stetiger Prüfung der auf Basis von Erfahrungswerten des Verfassers gebildeten Arbeitshypothesen, einhergehend mit darzustellenden Quellen, analysiert. Dies erfolgt stets mit dem Ziel der Gewinnung neuer kriminalstrategischer Erkenntnisse.

---

[38] ausführlich zum *Kriminalstrategischen Problemlösungsprozesses* siehe Berthel, Ralph (2006)

[39] Deliktsstrategien behandeln die Bekämpfung von Einzeldelikten oder abgrenzbaren Kriminalitätsbereichen

3. Die Entwicklung der Schleusungskriminalität

3.1. Kriminologisch-Theoretische Betrachtung

Bevor das Phänomen Schleusungskriminalität ausgehend vom sie umgebenden gesellschaftlichen Gesamtkontext untersucht wird, sollen im Sinne eines einheitlichen Vorverständnisses zunächst kriminologisch-theoretische Ansätze zur Erklärung der irregulären Migration und Schleusungskriminalität überblicksartig dargestellt werden. Festzustellen ist vorweg, dass die darzustellenden kriminologischen Erklärungsansätze und Migrationstheorien grundsätzlich nur über eine begrenzte Reichweite verfügen. Eine umfassende, alle Fall- und Motivationskonstellationen erklärende Theorie existiert nicht. Jede Migrationsentscheidung bleibt ebenso wie die Entscheidung zur Inanspruchnahme einer Schleuserdienstleistung immer von individuellen und multiplen Einflussfaktoren abhängig.

3.1.1. Allgemeine kriminologische Theorien

Theoretische Ansätze zur Erklärung der Schleusungskriminalität müssen die grundsätzlich differierenden Motivationen von Schleusern und Geschleusten berücksichtigen. Gleichwohl ergibt sich naturgemäß eine wechselseitige Abhängigkeit dieser Akteure. Der Fundus klassischer kriminologischer Theorien bietet zwei Erklärungsansätze, bei deren Anwendung die Motivationen von Schleusern wie von Geschleusten Berücksichtigung finden.

Der personelle Erklärungsansatz der *Rational-Choice-Theorie*[40] geht davon aus, dass Kriminalität auf der freien rationalen Entscheidung des Täters nach einer Kosten-Nutzen-Analyse beruht, bei der dieser materielle und immaterielle Vor- und Nachtteile rational abwägt. Während der Geschleuste zwischen der Aussicht auf bessere Lebensumstände und dem Risiko der Entdeckung, die für ihn im schlimmsten Fall eine Rück-/Abschiebung in das Herkunftsland bedeutet, abwägt, stehen für den

---

[40] ausführliche Darstellung der Rational-Choice-Theorie am Beispiel der Jugendkriminalität in Lawrence, Richard; Hesse, Mario (2010, S. 29ff.)

Schleuser die Profitaussicht und ein aufgrund weit verzweigter Netzwerke geringes Entdeckungsrisiko einhergehend mit einer geringen Sanktionswahrscheinlichkeit gegenüber. Die Entscheidung für den Normverstoß erscheint bei beiden Akteuren folgerichtig. Hierzu formuliert Alt treffend: „Wo Menschen sich, z.B. aufgrund der Notlage von sich und Familienangehörigen, in ihrem gesetzwidrigen Tun legitimiert sehen, wo selbst Korruption zu einer Frage von Überlebensnotwendigkeit werden kann, da fragt man weniger nach dem, was einem erlaubt ist, sondern nach dem, was einem erreichbar und möglich ist."[41]

Der situative Erklärungsansatz der *Theorie der differentiellen Gelegenheit*[42] geht davon aus, dass günstige Gelegenheiten kriminelles Verhalten in Subkulturen verstärken und in Extremfällen sogar hervorrufen. Die in Schleusernetzwerken vorhandene Infrastruktur bietet sowohl dem Schleuser für seine Profiterwartung als auch dem Geschleusten in seiner Aussicht auf ein Ausbrechen aus der individuellen Situation im Herkunftsland im Einzelfall eine hinreichend günstige Gelegenheit, die einen Normverstoß in Kauf nehmen lässt.

3.1.2. Marktwirtschaftlicher Erklärungsansatz

Schleusungskriminalität kann man auch anhand eines *marktwirtschaftlichen Ansatzes* erklären. Dieser geht vom Vorhandensein eines Schwarzmarktes irregulärer Migration aus, der nach den Regeln von Angebot und Nachfrage funktioniert. Auf diesem Markt stehen Motivationen auf der Angebotsseite in Form des Gewinnstrebens der Schleuser und auf der Nachfrageseite in Form von Armut und Elend der Geschleusten in Wechselwirkung gegenüber. „Die Täter profitieren davon, dass sie durch ihre kriminellen Aktivitäten in diesem Deliktfeld sehr schnell sehr viel Geld verdienen können, ohne zuvor aufwändige Investitionen tätigen zu müssen."[43]

---

41 Vgl. Alt, Jörg (2003, S. 14)

42 ausführlich zur Theorie der differentiellen Gelegenheit in Hassemer, Winfried (1973, S. 82)

43 Stock, Jürgen (2009, S. 112)

3.1.3. Kritische Erklärungsansätze

Neben den dargestellten klassischen und marktwirtschaftlich orientierten Theorien existiert weiterhin ein eher kritischer Ansatz zur Erklärung von irregulärer Migration und Schleusungskriminalität. Danach ist „Illegale Migration [...] „Produkt" der Gesetze, die in einem Land zur Migrationssteuerung erlassen werden."[44] Das Aufenthaltsrecht stellt nicht originär im Tatbestand erfasstes Unrecht dar, sondern stellt grundsätzlich legitimes Handeln, nämlich Migration, bei bestimmten Bedingungen unter einen Erlaubnisvorbehalt.[45] Die irreguläre Migration wird damit allein durch ein Gesetz als delinquent und somit als strafbar deklariert und dies eben nur für nicht freizügigkeitsberechtigte Ausländer.

Nach dieser rechtspositivistischen Erklärung ist auch Schleusungskriminalität nur aufgrund staatlich geschaffener Barrieren möglich. Verstärkte Grenzsicherungsmaßnahmen führten dazu, dass sich immer mehr Einreisewillige an Schleuserorganisationen wenden, um nach Deutschland zu gelangen.[46] „Es gibt Schleusung, weil es Grenzen gibt [...] Die Veränderungsdynamik der Organisierung von Schleusung resultiert aus der Beziehung zwischen staatlichen Kontrollorganen und den Netzwerken der Schmuggler. [...] Der gesamte Prozess zwischen staatlichen Kontrollorganen und den Schmugglernetzwerken hat inzwischen die Form einer Art Rüstungswettlauf angenommen.[47]

3.1.4. Migrationstheorien

„In den Untersuchungen und Analysen, die sich mit internationaler Migration befassen, herrscht weitestgehend Einigkeit darüber, dass keine alles umfassende Migrationstheorie existiert. Es gibt allenfalls Teiltheorien, die häufig unabhängig voneinander entwickelt wurden und nur wenige Ansätze zu einer interdisziplinären Verknüpfung zeigen."[48] Dies liegt primär an der Vielzahl unterschiedlicher Migrations-

44 Castles, Stephen; Miller, Mark (1998, S. 96)

45 Vgl. Albrecht, Hans-Jörg (2002, S. 39)

46 Vgl. Bundesministerium des Innern (2001, S. 331)

47 Heckmann, Friedrich (2003, S. 152)

48 Borchers, Kevin (2008, S. 10), dort auch ausführlicher zu den nachfolgend skizzierten Theorien

formen, wie beispielsweise klassische Zuwanderung, temporäre Arbeitsmigration, Pendelmigration, Kettenwanderungen oder Transitmigration[49], die aufgrund ihrer Vielschichtigkeit nicht in einer Gesamttheorie erklärbar sind.

So bestehen sog. *klassische* und *neoklassische* Erklärungsansätze, die eher die individuelle Motivation des Migranten in den Vordergrund stellen.[50] Weiterhin existieren *ökonomische* Theorien, die sich dem Phänomen auf der marktwirtschaftlichen Makroebene nähern.[51] Am weitesten verbreitet ist wohl die *Migrationstheorie nach Lee,* die im Kern vom Bestehen sog. Push-Faktoren im Herkunftsland und Pull-Faktoren im Aufnahmeland ausgeht, die zur Migration führen[52]. Die Theorie vereint damit ökonomische, soziale und persönliche Motive. Mit dem Wandel zu einer globalisierungsbedingten Mehrdimensionalität hat die Migrationsforschung diesen klassischen Push-Pull-Ansatz seit Ende der 1980er Jahre weiterentwickelt. Die gemessen an ihrer Akzeptanz in der Forschung ebenso wir nach Auffassung des Verfassers wohl treffendste und modernste Weiterentwicklung stellt die *Migrationstheorie nach Martin und Widgren* dar[53]. Diese erweitert die Theorie Lee's um die Bedeutung sozialer Migrantennetzwerke, die Herkunfts- und Aufnahmeländer verbinden und somit zu einem Anstieg der Migration führen[54]. Insbesondere aus staatlicher Sicht bietet der Netzwerkgedanke Ansatzpunkte für Bekämpfungsstrategien.[55]

Im Hinblick auf die bestehenden Migrationstheorien ist kritisch anzumerken, dass ökologische Faktoren in bisherigen Theorien zumindest nicht direkt thematisiert werden. „Es ist aber davon auszugehen, dass im

---

49 ausführliche Darstellung in Hödl, Gerald; Husa, Karl; Parnreiter, Christof; Stacher, Irene (2000)

50 Vgl. hierzu u.a. Massey, Douglas S. et al. (1993, S. 432)

51 exemplarisch ‚*Theorie des dualen Arbeitsmarktes*' nach Piore, Michael J. (1971/1979), welche die Entstehung der Nachfrage nach irregulären Migranten in Industrieländern zur Stillung des Arbeitskräftebedarfs im Niedriglohnsektor behandelt.

52 Vgl. ausführlich Lee, Everett S. (1972)

53 Vgl. Martin, Phillip L.; Widgren, Jonas (2002)

54 ausführlich zur ‚*Netzwerktheorie*' unter Ziffer 3.2.4

55 siehe auch Übersicht zur *Migrationstheorie n. Martin/Widgren* in Schmid, Susanne (2010, S. 34)

Zuge weltweiter klimatischer Veränderungen gerade diese Faktoren zunehmend ausschlaggebend für Wanderungsbewegungen sein werden."[56] Letztlich bleibt jedoch die Entscheidung zur legalen oder illegalen Umsetzung eines Migrationsvorhabens immer eine Individualentscheidung des Migranten, die durch gesellschaftliche, ökonomische und eben ökologische Faktoren lediglich ergänzt und begrenzt wird.

3.2. Gesellschaftlicher Gesamtkontext

3.2.1. Historisch-Gesellschaftspolitischer Rahmen

Nur wenige Kriminalitätsfelder haben sich binnen der vergangenen zwanzig Jahre so verändert wie die Schleusungskriminalität. Neben einer natürlichen Abhängigkeit von der irregulären Migration und den damit verbundenen Wechselwirkungen ist diese Entwicklung in besonderem Maße auf den nationalen und internationalen politischen Handlungsrahmen zurückzuführen. Eine einschneidende Wegmarke stellen dabei der Fall des Eisernen Vorhangs und die damit verbundene Öffnung des Ostblocks dar. „Bis zur Grenzöffnung am 09. November 1990 führten wir ein beschauliches Dasein am Eisernen Vorhang, der fast undurchlässigen Grenze zu den Ostblockstaaten. [...] Nach der Grenzöffnung avancierten wir von einer abgeschiedenen Grenzlage zu einer Mittellage in Europa, [...]"[57] stellte der Ermittlungsrichter Bernhard Ring exemplarisch für den bayerisch-tschechischen Grenzraum fest.

Doch dieses welthistorische Ereignis allein genügt als Erklärungsansatz nicht. Vielmehr bedarf es einer Fokussierung der Herausbildung eines europäischen Grenzregimes innerhalb der Europäischen Union (EU). Diese setzte bereits in den 1970er und 1980er Jahre mit einem Zusammenwachsen der EU als Wirtschaftsraum, einhergehend mit dem Wegfall der Zollkontrollen ein. Der innereuropäische Personenverkehr sowie die Grenzkontrollen blieben allerdings zunächst außen vor. Erst auf Initiative der Benelux-Staaten, Frankreichs und Deutschlands kam es am 14. Juni 1985 zur Ratifizierung des Schengener Übereinkommens, ausgestaltet durch das Schengener Durchführungsübereinkommen vom

[56] Borchers, Kevin (2008, S. 21)

[57] Ring, Bernhard (2002, S. 106)

19. Juni 1990. Hierdurch wurden Binnengrenzkontrollen zwischen den Vertragsstaaten vollständig abgebaut und Ausgleichsmaßnahmen vereinbart.[58] So führten die vier Grundfreiheiten der EU[59] neben dem Abbau von Markthemmnissen auch zum Abbau von Kontrollmechanismen. Davon profitierte auch die Organisierte Kriminalität, die im Sinne einer Profitsteigerung bestrebt ist, Lücken in noch bestehenden Kontrollmechanismen zu finden.[60] Dies galt erst recht nach der politischen Wende im Jahre 1990 und den daraus erwachsenden neuen Herausforderungen, wie steigendem Migrationsdruck, einer noch nicht vollumfänglich arbeitsfähigen Grenzpolizei sowie dem Erstarken der Organisierten Kriminalität in den ehemaligen Ostblockstaaten.

Die deutsche und europäische Antwort hierauf war ein schrittweiser aber deutlicher Ausbau der Möglichkeiten und Instanzen zur Bekämpfung der irregulären Migration und Schleusungskriminalität. So wurde auf Initiative Deutschlands im europäischen Rahmen erstmals 1991 in Berlin eine gemeinsame Strategie zur Eindämmung unerlaubter Einreisen diskutiert. Im Ergebnis wurden 1993 die sog. ‚Budapester Empfehlungen' für eine möglichst effektive gemeinsame Bekämpfung der Schleusungskriminalität verabschiedet, die u.a. die Sicherstellung der Strafbarkeit von Schleusungen, einheitliche Standards für Grenzkontrollen und die Einrichtung spezialisierter Bekämpfungseinheiten[61] vorsahen. Diese programmatischen Grundlagen wurden in der Folge sukzessive weiterentwickelt und den Herausforderungen sowie dem übergeordneten politischen Rahmen fortlaufend angepasst.[62]

58 so insbesondere Standards für Außengrenzkontrollen, einheitliche Visavermerke, Schengener Informationssystem, Fortentwicklung polizeiliche Kooperationsformen, etc.

59 diese sind: Warenverkehrsfreiheit, freier Personenverkehr, Dienstleistungsfreiheit und freier Kapitalverkehr

60 Vgl. Sinn, Arndt (2011, S. 6)

61 In Deutschland bildete diese Empfehlung beispielsweise eine wesentliche Grundlage zur Einrichtung der Bundesgrenzschutzinspektionen Verbrechensbekämpfung (BGSI VB), heute Bundespolizeiinspektionen Kriminalitätsbekämpfung (BPOLI KB).

62 Die programmatischen Grundlagen werden als internationaler strategischer Handlungsrahmen unter Ziffer 5.1.1ausführlicher dargestellt.

Bis zum Jahr 1999 traten den fünf genannten Gründerstaaten des Schengener Übereinkommens noch fünf weitere Staaten der EU bei. Damit galten Funktionsfähigkeit und Attraktivität des Schengener Grenzregimes als bewiesen. Zum 1. Mai 1999 wurde daher der gesamte Schengenbesitzstand durch den ‚Amsterdamer Vertrag' institutionell und rechtlich in die EU überführt.[63] Hieraus ergibt sich eine starke Abhängigkeit nationaler grenzpolizeilicher Maßnahmen sowie der Bekämpfung der Schleusungskriminalität von der EU.

Eine weitere wesentliche Wegmarke bei der Entwicklung der Schleusungskriminalität und ihrer Bekämpfung stellten die Anschläge vom 9. September 2001 in den USA dar. Danach richtete sich der Fokus umso mehr auf das Paradigma von Sicherheit und Verbrechensbekämpfung. Aus Angst vor dem Einsickern extremistischer Elemente sowie einer dies bedingenden Verquickung von irregulärer Migration und Schleusungskriminalität mit terroristischen Netzwerken sowie Einzeltätern kam es zu einem weiteren Ausbau der Bekämpfungsstrategien. Dies zog nicht zuletzt einen entsprechenden Anstieg investierter staatlicher Ressourcen nach sich. Kritisch wird in diesem Kontext nicht selten von einem „Wettrüsten" zwischen Staaten und Schleusernetzwerken gesprochen.

Parallel zu den dargestellten politischen Entwicklungen vollzog sich der gesellschaftliche Diskurs zur irregulären Migration und Schleusungskriminalität. „Noch zu Zeiten der „Gastarbeiter"-Wanderung gab es gegenüber illegalen Einreisen zwar keine positive Haltung, aber doch einen an wirtschaftlichen Überlegungen orientierten pragmatischen Umgang. Im Falle des Schleusertums hat [seitdem] sogar eine deutliche Umwertung stattgefunden, denn noch zu Zeiten des Ost-West-Konfliktes war [dieses] teilweise positiv konnotiert."[64] Der Tatbestand des Einschleusens von Ausländern fand erst Ende der 1980er Jahre Eingang in das deutsche Rechtssystem[65]. Seitdem hat Deutschland sowohl

63 Alle präventiv-polizeilichen Maßnahmen unterfallen nunmehr der sog. 1. Säule der EU und unterliegen damit vollumfänglich dem europäischen Gemeinschaftsrecht. Alle repressiv-polizeilichen Maßnahmen wurden jedoch der 3. Säule zugeordnet, womit sie in nationalem Recht zu regeln sind.

64 Sinn, Annette; Kreienbrink, Axel; Loeffelholz, Hans Dietrich von; Wolf, Michael (2006, S. 29)

65 Bis dahin galten „Schleuser" z.T. als gesellschaftliche anerkannte Fluchthelfer, primär für Bürger der ehemaligen DDR. Die tatbestandlich erforderliche Einreise

des Strafrecht als auch die verwaltungs- und befugnisrechtlichen Regularien kontinuierlich verschärft und geht hierbei teilweise über europäische Vorgaben hinaus.

Die breitengesellschaftliche Wahrnehmung irregulärer Migration und Schleusungskriminalität setzte in Deutschland erst in den 1990er Jahren ein. Seitdem stehen sich in diesem Diskurs einerseits ordnungspolitische und andererseits menschenrechtliche Positionen (teilweise unversöhnlich) gegenüber. Dazwischen versucht eine duale Position zu vermitteln, indem sie Kontrollpolitik mit Fragen nach Rechten von irregulären Migranten sowie Regulierungs- und Rückkehrmöglichkeiten zu verbinden sucht. Einen wesentlichen Trend in diesem Widerstreit verdeutlicht das folgende Zitat aus dem Jahr 2006: „Längst ist illegale Migration ein Bestandteil der gesellschaftlichen Realität geworden und vielfach auf der privaten Ebene akzeptiert.“[66] Dem gegenüber steht das fortdauernde Risiko eines populistischen Missbrauchs des Themas irreguläre Migration. Hierzu trägt insbesondere die Tatsache bei, dass so wenige verlässliche Daten zu Umfang und Struktur der Zuwanderung vorliegen und das Wissen über deren wirtschaftliche und gesellschaftliche Folgen ungesichert ist.[67]

3.2.2. Strafrechtlicher Rahmen

Die dem Einschleusen von Ausländern zu Grunde liegende unerlaubte Einreise wurde erstmals 1952 im Passgesetz und danach 1965 im Ausländergesetz als Straftat spezialgesetzlich normiert. Eine Ausdifferenzierung der Tatbestände erfolgte im Ausländergesetz (AuslG) von 1990 mit den §§ 92 ff. „Seit [dieser] Neufassung des Ausländergesetzes […] wurde die Strafbarkeit der illegalen Einreise, des illegalen Aufenthalts sowie des Schleusens sukzessive verschärft.“[68] Erstmals geschah dies mit dem Verbrechensbekämpfungsgesetz von 1994, wobei mit dem § 92a AuslG

konnte nicht unerlaubt sein, da DDR-Bürger zugleich Staatsangehörige der Bundesrepublik waren.

66 Sinn, Annette; Kreienbrink, Axel; Loeffelholz, Hans Dietrich von; Wolf, Michael (2006, S. 17)

67 Vgl. Angenendt, Steffen (2007, S. 20)

68 Sinn, Annette; Kreienbrink, Axel; Loeffelholz, Hans Dietrich von; Wolf, Michael (2006, S. 33)

ein eigenständiger Tatbestand für gewerbs- und bandenmäßig organisierte Schleusungen geschaffen wurde. Letztmals erfolgte eine „gesetzgeberische Generalüberholung" der Tatbestände im Jahre 2005 mit dem neuen Zuwanderungsgesetz[69] und der damit verbundenen Ablösung des Ausländergesetzes von 1990. Hiermit wurde auch die EU-Richtlinie 2002/90/EG umgesetzt, über welche die im Aufenthaltsgesetz erfassten Tatbestände sogar noch hinausgehen.[70]

Seit dem 01. Januar 2005 ergibt sich die Strafbarkeit der unerlaubten Einreise sowie des unerlaubten Aufenthaltes im Bundesgebiet aus § 95 Abs. 1, Nr. 1-3 AufenthG[71]. Ebenso im § 95 AufenthG finden sich die im Kontext der Schleusungskriminalität relevanten[72] Verstöße gegen Wiedereinreisesperren (Abs. 2, Nr. 1) sowie das Erschleichen von Aufenthaltstiteln (Abs. 2, Nr. 2)[73]. Das Einschleusen von Ausländern ist in den §§ 96, 97 AufenthG unter Strafe gestellt. Zur Erfüllung des objektiven (Grund-)Tatbestandes muss eine Person danach i.d.R. für den Erhalt oder das Versprechen eines Vorteils einen Ausländer dazu anstiften oder diesen dabei unterstützen, unerlaubt nach Deutschland einzureisen, sich dort aufzuhalten oder einen Aufenthaltstitel zu erschleichen. Als Qualifizierungstatbestände[74] normiert der § 96 Abs. 2 AufenthG das banden- oder gewerbsmäßige Einschleusen, die Tatbegehung unter Mitführung einer Waffe sowie die Inkaufnahme eine Lebens- oder schweren Gesundheitsgefährdung der Geschleusten. Während der § 96 AufenthG einen Vergehenstatbestand darstellt, handelt es sich beim § 97 AufenthG

69 Es handelt sich hierbei um ein Artikelgesetz, das im Kern (aber nicht nur) die Einführung des an Stelle des Ausländergesetzes von 1990 tretenden Aufenthaltsgesetzes regelte.

70 So ist z.B. die Förderung der unerlaubten Einreise auch dann strafbar, wenn dies ohne Gewinnerzielung wiederholt zu Gunsten mehrerer Ausländer erfolgt. Etwaige humanitäre Gründe zurück.

71 Hinzu kommt der im Kontext dieser Arbeit nicht relevante Tatbestand des § 9 FreizügG/EU, der die seltenen Fälle der unerlaubten Einreise von Freizügigkeitsberechtigten sanktioniert.

72 Dies gilt insbesondere für das *‚Erschleichen von Aufenthaltstiteln'* im Zusammenhang mit scheinlegalen Einreisen.

73 ausführlich siehe Westphal, Volker; Stoppa, Edgar (2007, S. 666ff.)

74 Strafandrohung: Freiheitsstrafe von 6 Monaten bis 10 Jahren

um einen Verbrechenstatbestand, der das Einschleusen mit Todesfolge sowie das banden- und gewerbsmäßige Einschleusen sanktioniert.[75]

Weitere phänomenologische Relevanz für die Schleusungskriminalität besitzen im Nebenstrafrecht auch die missbräuchliche Asylantragstellung gem. § 84 AsylVfG und die banden- und gewerbsmäßige Verleitung zur missbräuchlichen Asylantragstellung nach § 84a AsylVfG. Mit Blick auf das allgemeine Strafrecht stehen die Fälschungsdelikte nach § 267 ff. StGB sowie der Tatbestand des Menschenhandels gemäß §§ 232, 233 StGB im phänomenologischen Zusammenhang. Letztere wurden mit der Umsetzung des Rahmenbeschlusses des Rates der Europäischen Union vom 19. Juli 2002 zur Bekämpfung des Menschenhandels grundlegend novelliert und hierbei insbesondere um den Tatbestand der Ausbeutung der Arbeitskraft ergänzt.

Eine weiterführende Darstellung der mit den Straftatbeständen verbundenen rechtlichen Problemfelder erfolgt in Ermangelung eines rechtswissenschaftlichen Schwerpunktes dieser Arbeit nicht. Zusammenfassend ist festzustellen, dass die in Deutschland gültigen Bestimmungen bezüglich der Pönalisierung keine Defizite zu internationalen Vorgaben aufweisen. Alle Täter und Tatbeteiligten können nach internationalen Maßstäben „ausreichend" bestraft werden.[76]

3.2.3. Die Makroebene – Trendsetter Globalisierung

Zur Erklärung der Entwicklung der Schleusungskriminalität und der diese bedingenden irregulären Migration bedarf es einer Betrachtung der gesamtgesellschaftlichen Makroebene, die den Rahmen für Migration in all ihren Ausprägungen setzt. „Der Blick auf Europa ist [dabei] wichtig, greift aber letztlich zu kurz."[77] Vielmehr ist ein globaler Blickwinkel notwendig, womit auch in Bezug auf die irreguläre Migration unweigerlich die Folgen der sog. ‚Globalisierung'[78] in den Fokus geraten. So kann

---

[75] ausführlich siehe Westphal, Volker; Stoppa, Edgar (2007, S. 738ff.)

[76] Vgl. Heckmann, Friedrich (2004 , S. 23)

[77] Gatzke, Wolfgang (2009, S. 143)

[78] Definition nach Grande, Edgar (2003, S. 284): *„Globalisierung ist die Ausweitung, Intensivierung und grenzüberschreitende Integration gesellschaftlicher Aktivitäten, sei-*

der Wandel vieler Erscheinungsformen im Bereich der irregulären Migration insbesondere unter Bezugnahme auf die sich weltweit beschleunigende Integration von Ländern, Regionen und Märkten erklärt werden.[79] Dabei entfesselt die Weltwirtschaft gewaltige Effekte, die größere und vielfältigere Migrantenströme von Entwicklungs- in Industrieländer produzieren. Diesen Effekten kann sich kein Land entziehen. Staaten können das Gesamtgeschehen nicht mehr umfassend kontrollieren. „Das 'Segment illegale Migration' ist in diesem Kontext sicher nicht das machtvollste Segment. Dennoch funktioniert [es] zunehmend nach eigener Dynamik und Logik [...] Keinesfalls sollte illegales Migrationsgeschehen als integrales Strukturelement der globalen Weltgesellschaft in seinen Auswirkungen und seinem Eigenleben unterschätzt werden."[80]

Ein wesentlicher Faktor im globalisierten Wechselspiel zwischen Entwicklungs- und Industrieländern ist die Arbeitskräftenachfrage in den Aufnahmeländern (irregulärer) Migration, der demografiebedingt meist allein durch Zuwanderung bedient werden kann. In Deutschland wurde dieser Bedarf an Migranten bis etwa 2007 angesichts von vier Millionen Arbeitslosen fortlaufend tabuisiert. Dementsprechend gestaltete sich die Zuwanderungspolitik. Erst seit wenigen Jahren setzt hier ein Umdenken ein. Hierzu trug nicht zuletzt die ebenso demografiebedingt steigende Nachfrage nach Dienstleistungen im Pflege- und Betreuungsbereich sowie dem Reinigungsgewerbe bei, für die nicht mehr ausreichend qualifizierte Arbeitskräfte im Land vorhanden sind[81]. Ähnlich entwickelt sich der Fachkräftemangel übrigens auch im produzierenden Gewerbe. Auf diese Nachfragesituation stellen sich die Akteure der irregulären Migration ein. „[So] ist [beispielsweise] festzustellen, dass der weibliche Anteil und den Flüchtlingen und Migranten weltweit zunimmt. Diese Tatsache wird auf die globalisierte Nachfrage nach geschlechtsspezifischen Dienstleistungen beispielsweise in Pflegeberufen oder Haushalten zurückgeführt."[82] Die hieraus erwachsenden, aufgrund der restriktiven

en es wirtschaftliche Transaktionen, ökologische Gefährdungen oder terroristische Bedrohungen."

79 Vgl. Alt, Jörg (2003, S. 13)

80 Alt, Jörg (2003, S. 17)

81 Vgl. Neske, Matthias (2007, S. 179)

82 Westermann, Sophie (2009, S. 27)

Einwanderungspolitik zumeist irregulären Migrationsbewegungen werden in den Herkunftsländern nicht selten stillschweigend geduldet. Sie werden zumindest nicht aktiv verhindert, da die Migranten in ihren Heimatländern ohnehin kaum Arbeit finden und durch die Auswanderung somit auch soziale Spannungen verhindert werden. Hinzu kommen Rücküberweisungen der Migranten an ihre Familien, wodurch bisweilen mehr ausländische Devisen ins Land kommen als durch zwischenstaatliche Entwicklungszusammenarbeit.[83] Weiterhin sind mit der Globalisierung Mobilitätskosten weltweit deutlich gefallen, so etwa die realen Preise im Flugverkehr oder die Kommunikationskosten[84], was ebenso zu einer Steigerung des Migrationspotentials beiträgt.

Ein weiterer auf den Gesamtprozess der Globalisierung zurückzuführender Trend ist die mediale und digitale Durchdringung der Welt. Bilder des Wohlstands und Konsums erreichen so auch die Entwicklungs- und Herkunftsländer. Erst die modernen Massenmedien geben den Migranten ein Gefühl für die eigene Situation, die nicht selten von Unterdrückung und Entmündigung geprägt ist. Sie stacheln so den Migrationswillen an, indem sie das Ziel ‚besseren Lebens' vorstell- und greifbar machen. „Das ‚World-Wide-Web' zeigt wie eine Dauer-Live-Sendung auf den ersten Blick die Vorzüge der Wohlstandsgesellschaften. Wer mag da abwarten, ob sich eines Tages und während eines Menschenlebens die Bedingungen in seinem Heimatland tatsächlich verbessern?"[85] Durch neue Kommunikationsmöglichkeiten, insbesondere des Internets, werden zudem kommunikative Barrieren zwischen Herkunfts- und Zielländern abgebaut. Das Internet wird so zum Anbahnungs- und Kommunikationsmedium der irregulären Migration und hierfür insbesondere durch Schleusernetzwerke genutzt.[86] Die Wege zwischen Herkunfts- und Aufnahmeland werden kürzer und schneller. Sie können so von organisierten Schleusernetzwerken flexibler bedient und gesteuert werden. Massey fasst in diesem Kontext die phänomenbezogenen Wirkungen der Globalisierung treffend zusammen: "Wenn nicht eine internationale Katastrophe von beispielloser Dimension eintritt, wird das

83 Vgl. Alt, Jörg (2003, S. 14)

84 Vgl. Entwicklungsprogramm für die Vereinten Nationen (2009, S. 42)

85 Baumbach, Jörg (2002, S. 32)

86 Vgl. Westermann, Sophie (2009, S. 28)

Phänomen Immigration sich höchstwahrscheinlich weiter ausdehnen und zunehmen, denn jene Triebkräfte, die hinter der Zuwanderung stehen, zeigen nicht das geringste Anzeichen einer Abschwächung."[87]

3.2.4. Die Mikroebene – Transformationsprozesse in sozialen Räumen

Die dargestellten Auswirkungen der Globalisierung auf der Makroebene ziehen sowohl in den Herkunfts- als auch in den Aufnahmeländern Transformationsprozesse auf der gesellschaftlichen Mikroebene nach sich. In den Aufnahmeländern bilden sich Migrantennetzwerke[88], deren wesentliche Funktion die gegenseitige Unterstützung der Einzelindividuen darstellt. Diese Netzwerke bilden wiederum die Brücke zu den Herkunftsländern und damit die Grundlage für eine zweckgerichtete Beziehung zwischen Migranten und ihrer Heimat.

Über diese ‚Brückenfunktion' zwischen Herkunfts- und Aufnahmeländern kommt den Netzwerken naturgemäß auch eine große Bedeutung für die Folge-Migration weiterer Angehöriger der Herkunftsstaaten zu. „Persönliche Kontakte, die Migranten, ehemalige Migranten oder auch Nichtmigranten in Sende- und Empfängerregion miteinander verbinden, sind für Kettenmigrationsprozesse, Migrationskreisläufe und transnationale Räume verantwortlich, da sie die Wahrscheinlichkeit internationaler Migration erhöhen."[89] Diese Netzwerktheorie geht davon aus, dass sich zum einen die Migrationskosten für künftige Migranten wesentlich verringern, je mehr Menschen bereits vorher in die Zielregion gewandert sind. Zum anderen bieten Netzwerkbeziehungen eine verlässliche Einkommensquelle für Verwandte und Bekannte im Herkunftsland, indem sie den Migranten beispielsweise Erwerbs- und Verdienstmöglichkeiten im Aufnahmeland ermöglichen.[90] Man kann in den beschriebenen Netzwerken drei Arten der Unterstützung von irregulärer Folgemigration unterscheiden. Zunächst kann sich diese ‚komplementär', also auf idea-

87 Massey, Douglas S. (2000, S. 74)

88 Diese werden nicht selten überspitzt als ‚Parallelgesellschaften' bezeichnet.

89 Borchers, Kevin (2008, S. 21)

90 Vgl. Borchers, Kevin (2008, S. 14)

listischer und nicht ,kommerzieller' Basis, darstellen.[91] Weiterhin existiert kommerzielle Unterstützung, die sich regelmäßig durch das Vorhalten und Anbieten von Migrationsinfrastruktur oder der Vermittlung von Wohnraum und Erwerbsmöglichkeiten gegen ein angemessenes, nicht ausbeuterisches Entgelt kennzeichnet. Die verwerflichste Form der Unterstützung ist die ,kriminell-ausbeuterische'. Letztere sieht den Migrationsvorgang als reines Geschäft mit maximaler Profitorientierung und ist somit typischerweise aus den Migrantennetzwerken heraus operierenden Schleusernetzwerken zuzuordnen.

Migration zieht also eine qualitative Transformation der Herkunfts- und Aufnahmeländer nach sich. Über die ,Brückenfunktion' der Netzwerke entstehen transnationale Räume. Die in diesen Räumen verlaufenden Kanäle werden außerhalb staatlicher Kontrolle ausgestaltet und neben der Anbahnung und Förderung von Folgemigration auch für andere Formen der Schattenwirtschaft genutzt.[92] Insgesamt liegt die Schlussfolgerung nahe, dass mit einem Wachsen der transformierten Netzwerke auch ein Anstieg der regulären und vor allem irregulären Migration verbunden sein muss. Auch hierzu formuliert Massey mit kritischem Blick auf eine optimierungsbedürftige Zuwanderungspolitik treffend: „Die Entstehung sozialer Netzwerke und anderer transnationaler Strukturen schließlich, durch die internationale Migration gefördert wird, lässt sich durch staatliche Politik nicht verhindern; diese kann höchstens vermeiden, zur Herausbildung solcher Strukturen beizutragen, aber in der Praxis hat sich selbst das als schwierig erwiesen."[93]

Projiziert man die dargestellten Auswirkungen auf der Mikroebene auf Deutschland, stößt man auf die in der Literatur oftmals diskutierte aber selten klar beantwortete Frage, ob die BRD nun primär ein Zielland oder doch in stärkerem Maße ein Transitland irregulärer Migration ist. So stellte beispielsweise Heckmann im Jahre 2004 fest: „Deutschland ist für Geschleuste zunehmend zum Transitland geworden. Hauptgründe dafür sind fehlende familiäre Bindungen der wichtigsten Herkunftsnatio-

91 so z.B. innerhalb von Familienclans oder bei sonstiger engerer persönlicher Bindung

92 Insbesondere als faktisch eigenes Wirtschafts- und Bankensystem; exemplarisch sei hier das so genannte ,Hawala-Banking' erwähnt

93 Massey, Douglas S. (2000, S. 67)

nalitäten und fehlende Arbeitsmöglichkeiten in Deutschland."[94] Diese Ansicht ist im Lichte der skizzierten Netzwerktheorie aus heutiger Sicht wohl abzulehnen, da es eben nicht ausschließlich auf das Vorhandensein familiärer Bindungen, sondern vielmehr auf das Bestehen (ethnischer) Netzwerke ankommt. Auch hat sich die Arbeitskräftenachfrage seit dem Jahre 2004 deutlich gewandelt.[95] Hierfür sprechen u.a. die Forschungsergebnisse von Neske. Dieser hat bereits im Jahre 2007 festgestellt, dass in 34 von 41 untersuchten Schleusungsfällen die Geschleusten im Zielland Deutschland erwartet wurden.[96]

Führt man die dargestellten Betrachtungen zu den Entwicklungen auf der Makroebene und den sich daraus ergebenden Auswirkungen auf der Mikroebene zusammen, dann deutet schon allein auf dieser Basis Einiges darauf hin, dass Deutschland gegenwärtig und wohl auch zukünftig als Zielland irregulärer Migration und Schleusungskriminalität eine wesentliche Bedeutung zukommt.

3.3. Hellfeldbetrachtung

3.3.1. Daten- und Erkenntnisgrundlagen

Zur Untersuchung des tatsächlichen Ausmaßes irregulärer Migration und Schleusungskriminalität in Deutschland sowie sich abzeichnender Trends werden nun zunächst verfügbare Hellfelddaten fokussiert. Dies gestaltet sich nicht unproblematisch. Anders als bei der regulären Migration, zu der eine nahezu lückenlose Datengrundlage gegeben ist,[97] existiert zur irregulären Migration lediglich eingeschränktes Datenmaterial, das überdies hinsichtlich seiner Aussagekraft entsprechend kritisch hinterfragt werden muss. So ist zunächst die Erhebungsdichte relativ gering.[98] Weiterhin ist die vergleichende Einbeziehung internationaler

---

94 Heckmann, Friedrich (2004, S. 3)

95 Auf die Ausführungen unter Ziffer 3.2.3 wird in diesem Zusammenhang verwiesen

96 Vgl. Neske, Matthias (2007, S. 142)

97 Hauptdatenquellen: Ausländerzentralregister (AZR) des BVA, Bevölkerungsdaten des Statistisches Bundesamtes, Arbeitsmarktdaten des BAMF

98 Vgl. Borchers, Kevin (2008, S. 23ff)

Datenlagen schwierig, da erforderliche Termini teilweise uneinheitlich definiert oder internationale Definitionen uneinheitlich umgesetzt werden.[99] Überdies besteht faktisch ein ‚statistischer Dualismus' zwischen nationalstaatlicher Erhebungsebene und Erhebungen internationaler Organisationen.[100]

Neben anderen relevanten Bewertungsfaktoren[101] ist bei Hellfeldstatistiken zur irregulären Migration und Schleusungskriminalität zu beachten, dass es sich bei diesen Phänomenbereichen stets um Kontrollkriminalität handelt, deren gemessener Umfang von den Prioritäten und Aktivitäten der Kontroll- und Regulierungsinstanzen abhängig ist. Im Bereich der Schleusungskriminalität sind zudem naturgemäß kaum Initiativanzeigen der Geschädigten zu verzeichnen, was das Entdeckungsrisiko weiter reduziert. Weiterhin können sich hinter zwar statistisch erfassten Fällen der unerlaubten Einreise Schleusungshandlungen verbergen, die jedoch nicht als solche registriert wurden, da den Strafverfolgungsbehörden der Tatnachweis nicht gelungen ist. Zusätzlich werden Langzeitvergleiche durch Veränderungen rechtlicher und tatsächlicher Rahmenbedingungen erschwert.[102]

Unter Beachtung der dargestellten eingeschränkten Bewertbarkeit werden in der Folge die phänomenbezogenen Hellfelddaten der Polizeilichen Kriminalstatistik, der Polizeilichen Eingangsstatistik der Bundespolizei, der Bundeslagebilder Organisierte Kriminalität und Menschenhandel sowie die Asylantragsstatistik hinsichtlich ihrer Entwicklungstendenzen untersucht.

---

99 exemplarisch hierzu siehe Ausführungen zu Ziffer 2.1.1

100 so u.a. der United Nations, der EU oder FRONTEX

101 so etwa: Erfassungsverhalten, Anzeigebereitschaft der Bevölkerung, Spannungsfeld zwischen Änderung rechtlicher Bestimmungen vs. echte Kriminalitätsänderung

102 z.B. durch Erweiterung des Schengenraumes, Freizügigkeitsberechtigung für osteuropäische Staatsangehörige, Wegfall der Grenzkontrollen; Vgl. Bundesministerium des Innern (2009 S. 9)

3.3.2. Polizeiliche Kriminalstatistik (PKS)[103]

Die PKS ist die Ausgangsstatistik der deutschen Polizeien und stellt damit ein Aggregat aus den einzelnen Landesstatistiken dar. Sie enthält in Bezug auf die Schleusungskriminalität alle nach Abschluss polizeilicher Ermittlungen an die Staatsanwaltschaft abgegebenen Ermittlungsverfahren, was bedeutet, dass nach Feststellung durch die Polizei im Verlaufe der Ermittlungen bereits ein Ausfilterungsprozess stattgefunden hat. Die PKS ist eine Tatverdächtigen- und keine Fallstatistik. Begeht ein Tatverdächtiger mehrere Delikte, so wird stets das schwerste Delikt als PKS-Fall erfasst. Gerade in Bezug auf die irreguläre Migration ist dieser Umstand erheblich, da nicht selten Fälle der unerlaubten Einreise /Aufenthalt, die im Zusammenhang mit anderen Delikten festgestellt wurden, verdrängt und somit nicht in der PKS verzeichnet werden. Überdies weist die PKS nicht unerhebliche Fehlerquellen und Kritikpunkte auf, so exemplarisch mangelnde Erfassungsqualität und -kontinuität, Überbewertungstendenzen oder Verzerrungen im Bereich der Kontrolldelikte.[104] Diese Faktoren müssen bei einer Interpretation der PKS berücksichtigt werden

Betrachtet man nun die Entwicklung relevanter Deliktgruppen der Schleusungskriminalität über die Jahre 1991-2010 (Abb.1, S. 42), so ist bei unerlaubten Einreisen und dem Einschleusen von Ausländern nach Anstiegen zu Beginn bis Ende der 1990er Jahre ein Höhepunkt im in den Jahren 1998-2001 erkennbar. Danach ist insbesondere im Hinblick auf die Deliktgruppe Einschleusen von Ausländern ein deutlicher Rückgang der Fallzahlen zu verzeichnen. Dieser Trend ist nach allgemeiner Ansicht primär auf politische Entwicklungen wie die Legalisierung der Migration ost- und südosteuropäischer Staatsangehöriger sowie die Erweiterung des Schengenraumes zurückzuführen.[105]

103 Vgl. ausführlich Bundeskriminalamt (1991 – 2010)

104 Vgl. hierzu Berthel, Ralph (2003)

105 Vgl. hierzu ausführlich Kepura, Jürgen; Niechziol, Frank (2011, S. 543-544)

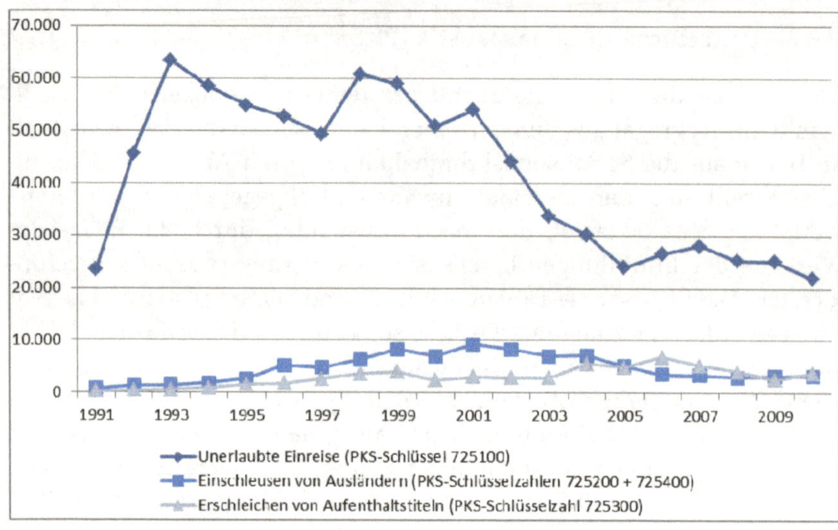

Abb. 1: PKS 1991-2010 – Ausgewählte Tatbestände der Schleusungskriminalität

Seit dem Jahr 2008 deutet sich wieder ein leichter Anstieg beim Einschleusen von Ausländern an, der mit einer parallelen Entwicklung des Erschleichens von Aufenthaltstiteln einher zu gehen scheint. Dieser Trend könnte auf eine Qualifizierung der angewandten modi operandi[106] sowie auf einen höheren Organisationsgrad der Schleusergruppierungen hindeuten, bedarf aber in den Folgejahren noch der Bestätigung. Für eine solche Qualifizierung könnte auch der in Abb. 2 (S. 43) dargestellte signifikante Anstieg registrierte Fälle des gewerbs- und bandenmäßigen Einschleusens sprechen. Seit 2007 haben sich diese mehr als verdreifacht, während der Grundtatbestand des Einschleusens von Ausländern seit 2003 kontinuierlich zurückgeht.

[106] etwa durch eine stärkere Priorisierung scheinlegaler Einreiseformen mittels erschlichenen Visa; hierzu näher unter Ziffer 3.6

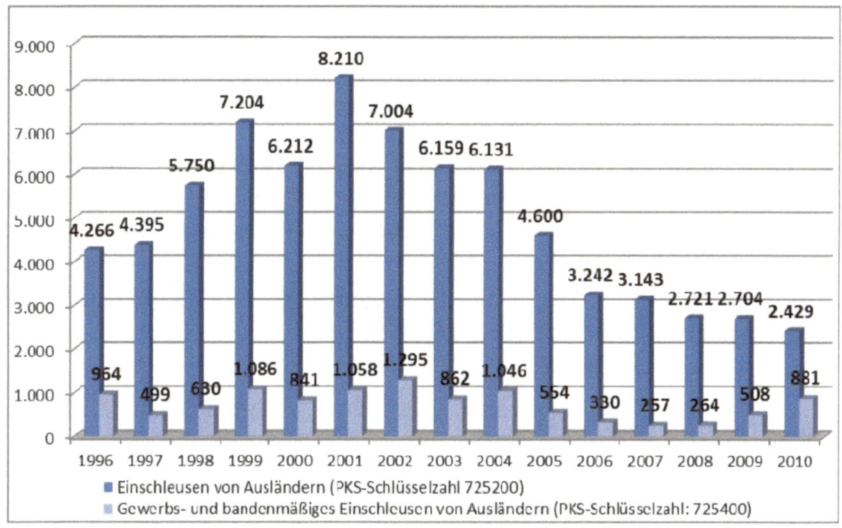

Abb. 2: PKS 1996-2010 – Einschleusen von Ausländern

Bei einer Betrachtung der Tatverdächtigennationalitäten im Deliktfeld des Einschleusens von Ausländern zeigt sich, dass der Anteil deutscher Tatverdächtiger ebenso etwa Ende der 1990er Jahre mit rund 40% am höchsten war. Danach ging der Anteil bis heute deutlich zurück, was auf eine weitergehende Internationalisierung der Schleusernetzwerke hindeuten könnte.

3.3.3. Polizeiliche Eingangsstatistik der Bundespolizei (PES)[107]

Die PES ist im Gegensatz zur PKS eine Eingangsstatistik, deren Daten unmittelbar nach der Feststellung und noch vor weiterführenden Ermittlungsmaßnahmen erfasst werden. Ein der PKS vergleichbarer Ausfilterungs- und Umwidmungsprozess der Feststellungen hat zum Erhebungszeitpunkt insofern noch nicht stattgefunden. Die PES enthält alle im Zusammenhang mit irregulärer Migration und Schleusungskriminalität getroffenen Feststellungen der Bundespolizei. Im Gegensatz zur PKS handelt es sich bei der PES nicht um eine Aggregatstatistik. Erhebungsqualität und -quantität weisen im Vergleichszeitraum insofern eine Kontinuität auf. Schwächen der PES ergeben sich, wie bei der PKS auch,

[107] Vgl. ausführlich Bundespolizeipräsidium (2011)

bezüglich der Abbildung von Veränderungen rechtlicher und tatsächlicher Rahmenbedingungen bzw. der (zumeist) damit einhergehenden Kontroll- und Fahndungspraxis der Bundespolizei[108].

Bei Betrachtung der PES im Zeitraum 1995-1999 bestätigt sich grundsätzlich die bereits in der PKS ersichtliche Aufkommensentwicklung. In Abb.3 wird dies für die durch die Bundespolizei festgestellten Fälle des Einschleusens von Ausländern besonders deutlich. Danach ist ab 1999, also bereits weit vor Wegfall der Grenzkontrollen zu Polen, Tschechien, Dänemark und der Schweiz, ein signifikanter, bis 2008 anhaltender Aufkommensrückgang feststellbar.

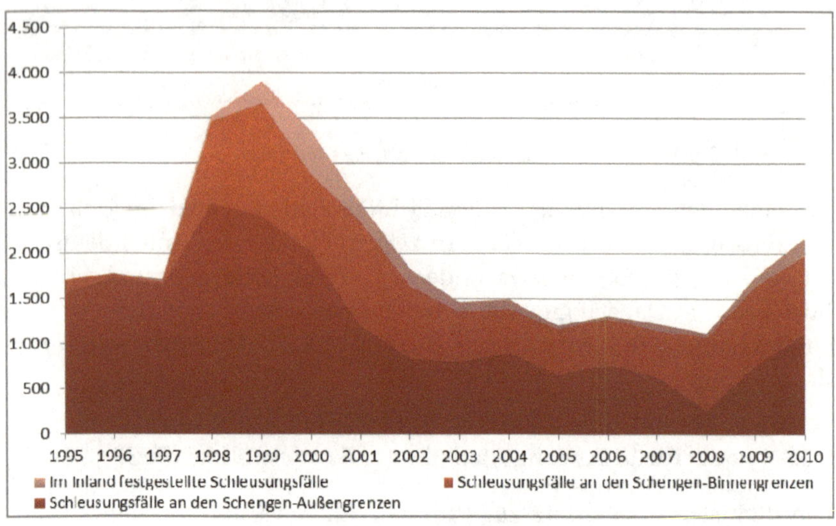

Abb. 3: PES 1995-2010 – Einschleusen von Ausländern / Feststellungen der BPOL

Während bis 2000 Staatsangehörige Rumäniens und der Staaten Ex-Jugoslawiens den absoluten Schwerpunkt bei den Geschleustennationalitäten bildeten, gingen diese seitdem kontinuierlich zurück und spielen heute keine Rolle mehr[109]. Nachdem in den Jahren 2001-2003 chinesische und indische Staatsangehörige kurzzeitig die am meisten geschleusten

108 Vgl. auch hierzu ausführlich Kepura, Jürgen; Niechziol, Frank (2011, S. 543-544)

109 insbesondere rumänische Staatsangehörige, die ab dem 01.01.2002 visumfrei waren

Nationalitäten waren, liegen seit 2003 regelmäßig irakische und afghanische Staatsangehörige auf den Spitzenplätzen. Diese Entwicklungen bestätigen eine deutliche Abhängigkeit der Entwicklung der Schleusungskriminalität von der weltpolitischen Gesamtlage und damit einhergehenden Kriegs- und Krisenszenarien.

Der sich in der PKS andeutende leichte Anstieg der Fälle des Einschleusens von Ausländern seit 2008 fällt in der PES deutlich signifikanter aus. 2010 haben die Schleusungsfälle um 20,9% und die Anzahl geschleuster Personen um 12,1% zugenommen. Einen Schwerpunkt bildeten hierbei Schleusungen auf dem Luftweg aus der Türkei und Griechenland nach Deutschland, oftmals unter Nutzung ge- oder verfälschter Dokumente. Dies könnte als weiterer Beleg für eine Professionalisierung der Schleusernetzwerke gewertet werden. Der dargestellte deutliche Anstieg betrifft sowohl Feststellungen an den Schengenaußengrenzen als auch im Binnengrenzraum. Zunehmendes Gewicht scheinen zudem die seitens der Bundespolizei im Inland getroffenen Feststellungen zu gewinnen[110]. Hier bleibt jedoch die weitere Entwicklung abzuwarten.

Die Abb.4 (S. 46) zeigt die Entwicklungen der durch die Bundespolizei festgestellten unerlaubten Aufenthalte, die regelmäßig an die zuständige Landespolizei abgegeben werden[111]. Während dabei die Gesamtfeststellungen gleichlaufend zur Entwicklung der übrigen Hellfelddaten irregulärer Migration (s.o.) zurückgingen, blieb die Anzahl der Inlandsfeststellungen konstant und näherte sich im Jahre 2010 (4.058) sogar wieder dem Spitzenniveau aus den Jahren 2001 (5.648) an. Gleichwohl hierbei entsprechende Fahndungsaktivitäten der Bundespolizei im Inland nicht unberücksichtigt bleiben dürfen, könnte diese gegenläufige Entwicklung in Bezug auf den unerlaubten Aufenthalt auch auf ein auch weiterhin großes Dunkelfeld der Illegalität in Deutschland hindeuten.

110 z.B. aus Ermittlungsverfahren resultierend oder bei Fahndungen im bahnpolizeilichen Bereich

111 Die Bundespolizei besitzt hierfür nach § 12 BPOLG keine originäre Ermittlungszuständigkeit.

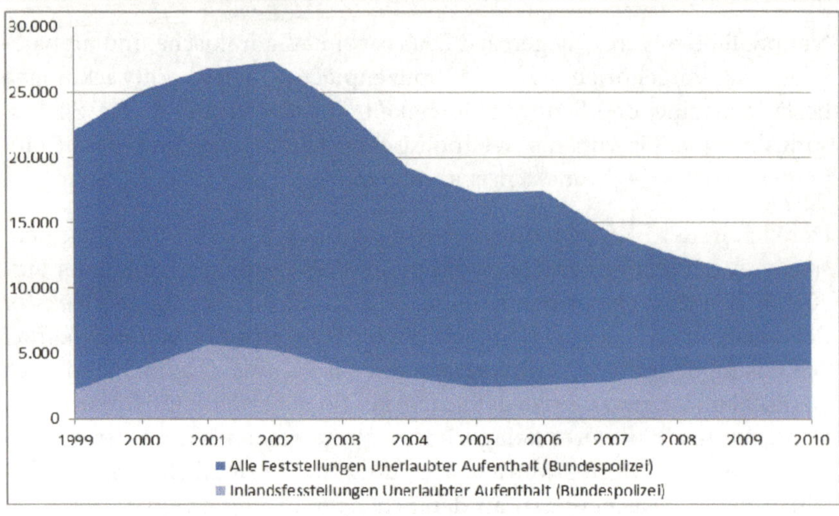

Abb. 4: PES 1999-2010 – Unerlaubter Aufenthalt / Feststellungen der BPOL

3.3.4. Bundeslagebild Organisierte Kriminalität (BLB OK)[112]

Das BLB OK weist die Schleusungskriminalität als ein dominierendes Handlungsfeld Organisierter Kriminalität aus. Bei einer phänomenbezogenen Auswertung der BLB OK 2000-2010 zeigt sich, dass die Schleusungskriminalität eindeutig von ausländischen Tätergruppierungen geprägt wird. Während diese im Jahr 2000 noch als ‚hierarchisch strukturiert' beschrieben wurden, ist bis 2010 ein Wandel hin zu einer ‚netzwerkartigen Struktur' mit gruppenübergreifenden Kooperationen feststellbar. Ab 2005 ist ein deutliches Sinken der OK-Verfahren im Bereich der Schleusungskriminalität zu verzeichnen. Auch das BLB OK begründet dies primär mit den Auswirkungen der Schengenerweiterung sowie von Visaliberalisierungen.[113] In den Jahren 2006 und 2007 stellt das BLB OK eine Entwicklung Deutschlands zum Transitland irregulärer Migration fest. Im Lagebild des Jahres 2008 wird jedoch mit Verweis auf die Ethnienabhängigkeit auch auf die Bedeutung Deutschlands als Zielland verwiesen.

---

112 Vgl. ausführlich Bundeskriminalamt (2000-2010)

113 Vgl. BLB OK 2006

Mit Blick auf die gesamte Materie der Organisierten Kriminalität stellte das BLB OK 2000 fest, dass sich diese typischerweise durch deliktübergreifende Tatbegehungen kennzeichnet. Bis 2010 zeichnete sich jedoch ein gegenläufiger Trend ab. Während 2000 noch etwa zwei Drittel der OK-Verfahren deliktübergreifende Bezüge aufwiesen, war dies 2010 nur noch in jedem vierten Verfahren der Fall. Derartige Begehungsweisen sind danach stets dann zu verzeichnen, wenn eine bestehende Logistik in mehreren Handlungs-/Deliktfeldern Verwendung finden kann. Dies ist regelmäßig bei grenzüberschreitenden Formen Organisierter Kriminalität der Fall. Deliktübergreifende Begehungsformen werden bei der Schleusungskriminalität daher regelmäßig zum Menschenhandel sowie zur Rauschgiftkriminalität gesehen.

3.3.5. Bundeslagebild Menschenhandel (BLB MH)[114]

Die Auswertung der BLB MH 1999-2010 erfolgt mit Blick auf ggf. daraus ableitbare Korrelationen und Tendenzen zur Entwicklung der Schleusungskriminalität. Konkrete Aussagen zur unerlaubten Einreise bzw. zum Aufenthaltsstatus der Menschenhandelsopfer enthielt das BLB MH nur bis 2004. Danach sind lediglich Prognosen anhand von als ‚Logistikstraftaten' erfassten Schleusungsdelikten möglich. Insgesamt ist festzustellen, dass die Fallzahlenentwicklungen im Bereich des Menschenhandels und der Schleusungskriminalität im Zeitraum 1999-2010 grundsätzlich korrelieren. Dies könnte auf enge Wechselwirkungen zwischen den agierenden kriminellen Netzwerken hindeuten. Dafür spricht auch, dass das BLB MH den Fallzahlenrückgang u.a. mit einem Ausweichen der Strafverfolgungsbehörden auf leichter nachweisbare Delikte wie dem Einschleusen von Ausländern begründet. Wie bei der Schleusungskriminalität besteht zudem auch beim Menschenhandel ein hohes Dunkelfeldpotential. So wird die Verfügbarkeit polizeilicher Ressourcen generell als erfolgskritisch eingeschätzt, da Menschenhandel ebenso wie das Einschleusen von Ausländern Kontrollkriminalität darstellt.

Eine weitere Schnittmenge zur Schleusungskriminalität zeichnet sich bezüglich der rechtstatsächlichen Entwicklung der Verfolgung von De-

114 Vgl. ausführlich Bundeskriminalamt (1999-2010)

likten nach § 233 StGB ab.[115] Während die dahingehende Verfahrensdichte im BLB MH in den Jahren 2006-2009 gegen Null tendierte, zeigte sich 2010 eine erstmalige Steigerung um 140%. Dies ist sämtlich auf ein gemeinsames Verfahren von Bundespolizei und LKA Niedersachen zurückzuführen.[116] Die weitere Entwicklung in Bezug auf den § 233 StGB bleibt abzuwarten und bietet zudem Raum für separate Forschungsarbeiten.

3.3.6. Asylantragszahlen[117]

In eingeschränktem Maße[118] kann die Entwicklung der Anzahl registrierter Asylanträge „als Anhaltspunkt für die Abschätzung der Größenordnung der unerlaubten Einreisen von Flüchtlingen nach Deutschland betrachtet werden",[119] da eine Antragstellung in Deutschland nahezu ausschließlich nach erfolgter unerlaubter Einreise möglich ist. Auch diese entwickelten sich zwischen 1990 und 2010 den oben zur PKS und PES dargestellten Trends vergleichbar. So wurden im Jahr 1992 in der Spitze 438.191 Anträge registriert. Seitdem war die Zahl der Asylanträge stark rückläufig bis zu einem Tiefststand von 19.164 Erstantragstellern im Jahr 2007. Seit 2008 zeigte sich wieder ein Anstieg der Zugangszahlen. Im Jahr 2010 stiegen diese abermals von 27.649 auf 41.332 an. Dies kann als weiterer Indikator für die wieder wachsende Bedeutung Deutschlands als Zielland irregulärer Migration interpretiert werden.

---

115 Menschenhandel zum Zweck der Ausbeutung der Arbeitskraft; Vgl. auch Ziffer 2.1.2

116 hierbei ging es um das Einschleusen von/den Menschenhandel mit chinesischen Spezialitätenköchen, die bundesweit in chinesischen Restaurants angestellt und ausgebeutet wurden

117 Vgl. ausführlich Bundesamt für Migration und Flüchtlinge (2011)

118 Vgl. zu den Einschränkungen ausführlich Kepura, Jürgen; Niechziol, Frank (2011, S. 544)

119 Sinn, Annette; Kreienbrink, Axel; Loeffelholz, Hans Dietrich von; Wolf, Michael (2006, S. 50-51)

3.4. Dunkelfeldbetrachtung

Die Hellfeldbetrachtung bietet kein vollumfängliches Abbild der Kriminalitätswirklichkeit, was insbesondere darauf zurückzuführen ist, dass es sich bei der Schleusungskriminalität um Kontrollkriminalität handelt. Daher bedarf es zumindest einer überblicksartigen Betrachtung des Dunkelfeldes irregulärer Migration sowie der ‚Illegalität' an sich.

Hierzu bleibt zunächst festzustellen, dass es „auf Grundlage der verfügbaren statistischen Daten nicht möglich [ist], die Anzahl illegal aufhältiger Migranten in Deutschland exakt zu bestimmen."[120] Auch gab es in Deutschland bisher keine Legalisierungskampagnen, die entsprechende Anhaltspunkte liefern könnten. Weiterhin sind kriminologische Dunkelfeldforschungsmethoden kaum anwendbar, da sich Feldzugänge schwierig gestalten und Opferbefragungen oftmals gleichzeitig Täterbefragungen darstellen. So existieren in Deutschland nur sehr wenige empirische Dunkelfeldforschungsansätze, wovon exemplarisch die Arbeiten von Alt, Sinn et al und Vogel et al[121] zu nennen sind. Darüber hinaus bestehen mit dem ‚Projekt Clandestino'[122] auch auf EU-Ebene Forschungsansätze, die jedoch lediglich nationale Hellfelddaten mit den nationalen Dunkelfeldforschungsansätzen verbinden. Für das Jahr 2009 wurden im ‚Projekt Clandestino' zwischen 140.000 und 330.000[123] unerlaubt in Deutschland aufhältige Personen geschätzt. An anderer Stelle wird von 100.000 Personen als Untergrenze und von bis zu einer Million Personen als Obergrenze ausgegangen.[124] Nach Abwägung aller Daten- und Erkenntnisquellen sind allerdings im Ergebnis weder seriöse Aussagen über die Anzahl der in der Illegalität befindlichen Drittstaatsangehörigen möglich, noch lassen sich belastbare datenbasierte Erkenntnisse zu diesbezüglichen Zuwächsen und Abnahmen in den letzten Jahren gewinnen.

---

120 a.a.O., S. 57; Vgl. hierzu auch Stock, Jürgen (2009, S. 105)

121 Vgl. Alt, Jörg (2003) / Vogel, Dita; Mitrovic, Emilija; Aßner, Manuel; Kühne, Anna (2009) / Sinn, Annette; Kreienbrink, Axel; Loeffelholz, Hans Dietrich von; Wolf, Michael (2006)

122 Vgl. Europäische Kommission (2009)

123 Schätzungen unter Verweis auf die Forschungen von Vogel, Dita

124 Sinn, Annette; Kreienbrink, Axel; Loeffelholz, Hans Dietrich von; Wolf, Michael (2006, S. 8)

Aus den Ergebnissen der wenigen Dunkelfeldforschungsansätze lassen sich jedoch Erkenntnisse gewinnen, die hinsichtlich der Entwicklung der Schleusungskriminalität relevant erscheinen. So finden sich „räumliche Schwerpunkte der illegal aufhältigen Bevölkerung [...] insbesondere in Großstädten und vor allem dort, wo Anschlussmöglichkeiten an jeweilige nationale Netzwerke bestehen."[125] Nicht nur deshalb ist die Konzentration von regulären Zuwanderern innerhalb einer Stadt als Indikator für die Anwesenheit irregulärer Migranten geeignet. So ist eine Tendenz zu Verstärkungseffekten oftmals dann erkennbar, wenn sich eine gewisse Konzentration von irregulären Zuwanderern in einer Stadt oder einem Bezirk herausgebildet hat.[126] „Die quantitativ größte Gruppe [der in der Illegalität lebenden Migranten] bilden visumfrei oder mit erschlichenen Visa eingereiste Arbeitsmigranten aus Mittel- und Osteuropa, die häufig zwischen Deutschland und dem Herkunftsland pendeln."[127] Dies spricht für eine hohe Relevanz der Arbeits- und Pendelmigration für Deutschland.

3.5. Migrationspotential

Als Basis für kriminalstrategische Überlegungen zur Bekämpfung der Schleusungskriminalität ist auch ein Blick auf die Nachfrageseite ebenjener und damit auf die Entwicklung des Migrationspotentials erforderlich. Nach Schmid setzt sich Migrationspotential aus drei Gruppen zusammen: 1) zur Abwanderung entschlossene Personen; 2) aufgrund äußerer Bedingungen unentschlossene Personen mit Abwanderungsmotivation; 3) Migrationsreserve, die bei günstigen Bedingungen abwandert bzw. nur unter Zwang migriert.[128]

Das Migrationspotential wird angesichts auseinanderdriftender wirtschaftlicher und demografischer Trends in den kommenden Jahrzehnten

125 Sinn, Annette; Kreienbrink, Axel; Loeffelholz, Hans Dietrich von; Wolf, Michael (2006, S. 9)

126 Vgl. ausführlich Vogel, Dita; Mitrovic, Emilija; Aßner, Manuel; Kühne, Anna (2009, S. 35-36)

127 Sinn, Annette; Kreienbrink, Axel; Loeffelholz, Hans Dietrich von; Wolf, Michael (2006, S. 61)

128 Vgl. Schmid, Susanne (2010, S. 24)

noch zunehmen.[129] Bis zum Jahr 2050 wird eine Vergrößerung der Weltbevölkerung auf 9,2 Milliarden Menschen prognostiziert, vornehmlich durch Wachstum in weniger entwickelten Staaten.[130] Aus diesen werden primär junge Menschen migrieren, da Bildungs- und Arbeitsmärkte in deren Heimat dem Druck nicht standhalten können. Aufgrund des wirtschaftlichen Aufstiegs Asiens und dem damit verbundenen Wandel in früheren Hauptherkunftsregionen richtet sich der für Europa relevante Fokus neben den Staaten der ehemaligen Sowjetunion primär auf den Nahen Osten und in zunehmendem Maße auf Afrika.[131] Dort liegt das sog. Medianalter der Bevölkerung aktuell bei 19,1 Jahren und wird bis 2050 auf nur 28,5 Jahre steigen,[132] was eine Verdoppelung der Bevölkerung Afrikas bis 2050 nach sich ziehen wird. Zu den ökonomischen Push-Faktoren treten dort zudem politische Aspekte wie Regierungsversagen, Menschenrechtsverletzungen oder Instabilität sowie ökologische Entwicklungen.

Es ist fraglich, ob dieser Anstieg des Migrationspotentials auch zu einem Anstieg des Migrationsdrucks auf Europa und nicht zuletzt Deutschland führen wird. „Gegen eine umfangreichere Verlagerung der [bisher primär intrakontinentalen] Fluchtmigration nach Europa spricht, dass viele afrikanische Flüchtlinge nicht die nötigen Mittel für eine interkontinentale Migration aufbringen und dass Flüchtlinge meist nur temporären Schutz suchen, d.h. nach Besserung der Lage in ihre Heimatregion zurückkehren."[133] Dazu kommen positive wirtschaftliche Entwicklungen in einigen Vorreiterstaaten Afrikas. Argumente für eine Zunahme der Wanderungen nach Europa liegen in der begrenzten Aufnahmefähigkeit höher entwickelter afrikanischer Regionen sowie einer steigenden Nachfrage nach Arbeitskräften in Teilen der EU. Innerhalb Europas wäre

129 Vgl. Entwicklungsprogramm für die Vereinten Nationen (2009, S. 57)

130 Vgl. United Nations, Department of Economic and Social Affairs, Population Division (2007)

131 Mit Blick auf Asien als Herkunftsregion haben sich die Realitäten mit dem Aufstieg Chinas, Indiens und der asiatischen Tigerstaaten verschoben. Südost- und Ostasien wird von der Herkunfts- zur Zielregion internationaler Migration. Vgl. auch Husa, Karl; Wohlschlägl, Helmut (2000, S. 252)

132 Vgl. Schmid, Susanne (2010, S. 53-54); als Relation: Entwicklungsländer insgesamt: heute - 25,4 J. / 2050 - 37,2 J.; Industrieländer: heute 38,6 J. / 2050: 45,6 J.

133 Schmid, Susanne (2010, S. 97)

„basierend auf den bisherigen Migrationsströmen und -beständen [...] anzunehmen, dass Frankreich, Italien und Spanien die bevorzugten Zielländer afrikanischer Migration bleiben werden."[134] Deutschland wäre hingegen vermutlich in geringerem Maße betroffen, da weder greifbare Kolonialbezüge nach Afrika bestehen noch mit den genannten Staaten im Umfang vergleichbare afrikanische Diasporen ansässig sind. Insgesamt erscheint daher eine differenzierte Betrachtung erforderlich. Die Zunahme des Migrationspotentials in Afrika ist zwar gewiss, zieht jedoch nicht zwingend eine Zunahme der Migrationsströme nach sich.

Ein Anstieg des Migrationspotentials und damit der potentiellen Nachfrage bedeutet jedoch deutlich verbesserte ‚Geschäftsgrundlagen' für Schleuserorganisationen. Diese könnten insofern profitieren und den Geschäftszweig der bisher noch gering ausgeprägten organisierten Schleusungen von Afrika nach Europa weiter ausbauen und professionalisieren.[135] Durch eine Intensivierung der Grenzüberwachungsmaßnahmen der EU im Mittelmeerraum und den damit verbundenen höheren Hürden für selbständig reisende irreguläre Migranten könnte dieser Effekt noch verstärkt werden. Insgesamt deutet daher Einiges darauf hin, dass sich die Herkunftsregionen Afrikas zu einem Schwerpunkt bei der Bekämpfung der Schleusungskriminalität entwickeln werden.

3.6. Modi Operandi der Schleusungskriminalität

3.6.1. Typologie des Einschleusens von Ausländern

In den 1990er Jahren liefen Schleusungen nach Deutschland überwiegend nach folgendem Grundmuster ab: „Sogenannte "Fußschleuser" führen Personen in Gruppen durch die Wälder über die Grenze. Auf deutscher Seite wird ein Transportfahrzeug unter ständiger Gegenaufklärung herangeführt. Der Abholfahrer bringt die Personen ins Landesinnere. [...] Bis auf wenige Ausnahmen [...] werden die Feststellungen im Bereich der Grünen Grenze getroffen.[136] Dieser damals am stärksten ausgeprägte modus operandi hat sich mittlerweile deutlich gewandelt.

[134] Schmid, Susanne (2010, S. 11)

[135] hierzu ausführlicher unter Ziffer 3.6

[136] Einemann, Jörg (2002, S. 39)

Neske hat die aktuellen Ausprägungsformen des Einschleusens von Ausländern nach Deutschland empirisch untersucht. Dabei wurden drei Schleusungsgrundtypen entwickelt, die in der Folge kurz und mit Blick auf ihre künftige Relevanz dargestellt werden:[137]

Typ I – Partielle Schleusungen

Migranten sind sehr aktiv. Sie nehmen nur für problematische Teiletappen ihrer Reise die Dienstleistungen von Schleusern in Anspruch. Schleuser agieren nur auf lokaler Ebene und auf niedrigem organisatorischem Niveau. Zwischen Schleusern und Migranten herrschen Marktbeziehungen. Von partiellen Schleusungen machen Migranten Gebrauch, die keinen Zugang zu professionelleren Schleusungsformen haben, weshalb sie auch mit der Bezeichnung ‚Armutsschleusung' konnotiert werden. Sie sind daher unpopulär und im Gegensatz zu Afrika[138] in Europa stark rückläufig.

Typ II – Legendierte Schleusungen

Migranten reisen selbständig legendiert und sind dabei primär mit an Auslandsvertretungen der Schengenstaaten erschlichenen Visa ausgestattet. Während der Reise sowie im Zielland erfolgt keine Schleuserunterstützung. Die Schleuserorganisationen agieren über netzwerkartig miteinander verbundene Organisatoren am Ort der visaausstellenden Auslandsvertretung und im Zielland. Sie agieren beim Erschleichen der Visa offen, was Ermittlungsansätze schafft. Legendierte Schleusungen stehen oftmals mit Pendelmigration in Verbindung. Die Insertion im Zielland erfolgt dann meist über soziale Migrantennetzwerke, die auch Schwarzarbeit vermitteln.[139] Innovationen im Bereich der Legendierung sind vielfältig. Zusätzlich werden für die Einreise in den Schengenraum gezielt Grenzübergänge mit weniger akribischen Grenzkontrollen genutzt. Es wird zumeist auf öffentliche Reisemittel wie Busse, Bahnen und Flüge gesetzt.

---

137 Vgl. ausführlich Neske, Matthias (2007, Kapitel 7)

138 eindrucksvoll beschrieben in einem Selbstversuch eines italienischen Journalisten; Vgl. Gatti, Fabrizio (2009)

139 Vgl. Neske, Matthias (2007, S. 199)

Der Typ II gewinnt stark an Bedeutung, da er die Vorteile der Globalisierung und die Schwächen des Schengener Grenzregimes nutzt.[140]

Typ III – Organisierte Etappenschleusungen

Den gesamten Schleusungsprozess steuern netzwerkartig miteinander verbundene Koordinatoren als ‚Schleuserkette'. Unterschiedlich organisierte lokale Schleuser agieren dabei als Auftragnehmer nach Marktprinzipien. Migranten, die mit den Koordinatoren häufig ethnisch-nationale Gemeinsamkeiten aufweisen, werden mit unterschiedlichen Schleusungsmethoden etappenweise transportiert.[141] Die Migranten treten selbst nicht aktiv in Erscheinung und ‚genießen' keine längeren Aufenthalte in Transitländern. Reisen von Etappe zu Etappe erfolgen oftmals mittels PKW, LKW oder Kleintransporter. Nach abgeschlossener Schleusung ist das Ziel meist ein soziales Netzwerk, wo die Migranten ihren Platz in der Illegalität finden. Insgesamt weist dieser Typ den höchsten Organisationsgrad auf. Schleusernetzwerke agieren in und aus dem Ausland, verstärkt in Ländern, die für internationale Rechtshilfe nur eingeschränkt zugänglich sind.

3.6.2. Schleusungsrouten und Schleusungshubs

Bei einem sowohl sozial als auch räumlich wirksamen Phänomen wie der Schleusungskriminalität ist die Erforschung geografischer Regelmäßigkeiten von großer Bedeutung. Hierbei gelangen zunächst die Migrations- und Schleusungsrouten nach Mitteleuropa in den Fokus. Diese haben sich in den vergangenen zwanzig Jahren nicht verändert. Schleusungen nach Europa erfolgen so primär über die so genannte Maghreb-Route (über nordafrikanische Staaten und das Mittelmehr), die Balkan-Route (über Türkei, Griechenland und die Balkanstaaten) sowie die Ost-Route (über Russland und die Ukraine).

Mit Blick auf die Interventionsmöglichkeiten gegen Schleusungskriminalität bieten die Routen selbst jedoch nicht die bedeutendsten Ansatz-

---

140 insbesondere die optimierungsbedürftige Vernetzung der Visavergabestellen der einzelnen Schengenstaaten sowie Lücken im Informations- und Erkenntnisaustausch

141 Vgl. Neske, Matthias (2007, S. 277)

punkte, da „eine beträchtliche Anzahl von Schleusungen nicht direkt vom Herkunfts- zum Zielland führt, sondern aus unterschiedlichen Gründen in so genannten Hubs unterbrochen wird.“[142] Es handelt sich dabei um Orte, einschließlich dort vorhandener Ressourcen, die aufgrund ihrer geografischen und strategischen Lage als längere Zwischenaufenthaltsorte genutzt werden. Innerhalb Europas stellen Moskau und Istanbul die wohl wichtigsten ‚Hubs‘ der internationalen Schleusernetzwerke dar. Darüber hinaus besitzen insbesondere Prag, Warschau, Kiew und Brest sowie zunehmend Athen eine entsprechende Bedeutung.[143] „Derartige Zwischenstationen mit einer ausgeprägten Schleuserlogistik und langen Wartezeiten [...] sind in Deutschland in diesem Maße nicht vorhanden.“[144]

Es wird deutlich, dass den ‚Hubs‘ in kriminal- bzw. interventionsstrategischer Hinsicht eine größere Bedeutung als den bekannten Routen zukommt. Sie bieten örtlich konkretisierte Ansatzpunkte für Ermittlung und Erkenntnisgewinnung und stellen damit faktisch eine Richtschnur für die Ausrichtung internationaler Auswertungs- und Ermittlungszusammenarbeit dar. In diesem Zusammenhang sei auch auf die nach wie vor umstrittene Taktik der ‚Kontrollierten Schleusung‘ verwiesen,[145] die an 'Hubs' ansetzen bzw. zu deren Erforschung dienen kann. „[Sie schließt] eine kriminaltaktische Lücke [...], die sich in der Vergangenheit im Zuge von Ermittlungen immer wieder ergeben und somit den Ermittlungserfolg aussichtslos oder wenigstens erschwert hat. Es wird deutlich, dass hier ein Bedarf in der Praxis besteht [...].“[146]

3.6.3. Trends in den Ausprägungsformen der Schleusungskriminalität

Die Selbstorganisation irregulärer Migranten ist in Europa zur Ausnahme geworden. Der ganz überwiegende Teil irregulärer Migration erfolgt heute mittels Schleusung.[147] „Schleuserkriminalität profi-

---

142 a.a.O., S. 131

143 Vgl. Heckmann, Friedrich (2004, S. 42)

144 Heckmann, Friedrich (2004, S. 45)

145 Vgl. hierzu u.a. Kepura, Jürgen (2002) und Pütter, Norbert (2009, S. 145)

146 Baumbach, Jörg (2002, S. 48)

147 Vgl. Heckmann, Friedrich (2004, S. 141)

tiert [dabei] vom Schengenraum. Bestehende Infrastrukturen und der vereinfachte Grenzübertritt über die Binnengrenzen vereinfachen die Kommunikation zwischen Schleuser und Geschleusten. Weiterhin ist der Transport leichter zu bewerkstelligen […]",[148] was auch zu einer hohen Bedeutung des Binnenflugverkehrs für die irreguläre Migration führt. Ausgleichsmaßnahmen nach dem Wegfall der Grenzkontrollen zeigten dort ein erhebliches Migrations- und Schleusungspotential.[149] Nach der Einreise in Europa erfolgt die Weiterreise oftmals mit internationalem Zugverkehr oder europäischen Linienbussen als preisgünstige Alternative, jeweils mit geringem Entdeckungsrisiko für die Schleuser. Insgesamt werden so sehr häufig schnellere Reisemittel gewählt und das grenzüberschreitende Straßen- und Schienennetz genutzt.[150] Insbesondere die in Deutschland gut ausgebaute Verkehrsinfrastruktur wird so faktisch zum Pull-Faktor für Schleusungskriminalität, damit jedoch zugleich erfolgversprechender polizeilicher Ansatzpunkt für Fahndungsmaßnahmen.

Innerhalb der oben dargestellten Typologie nehmen modi operandi wie die Nutzung professionell ge- und verfälschter Dokumente, der Identitätsbetrug[151] und das Erschleichen von Aufenthaltstiteln in Form von Visaerschleichungen, Scheinehen[152] oder Scheinelternschaften zu. Dies zieht das Erfordernis einer ausgeprägten Fahndungskompetenz bei den Kontrollbehörden sowie der Einbeziehung kommunaler Behörden (z.B. Standes- und Sozialämter) in Bekämpfungsstrategien nach sich. Einen weiteren Trend stellt in diesem Kontext die wahrnehmbare Tendenz zum sogenannten ‚Overstaying' dar, dem nicht selten eine Visaerschleichung voraus geht.[153] „Länger zu bleiben als es das [vermeintlich erschli-

---

148 Sinn, Arndt (2011)

149 Vgl. Bundespolizeipräsidium (2011)

150 Kepura, Jürgen; Niechziol, Frank (2011, S. 546)

151 auch als ‚Ausweismissbrauch' bezeichnet; Beispiel ‚EV Voodoo' der Gemeinsamen Ermittlungsgruppe Schleuser das LKA Baden-Württemberg und der Bundespolizei; Vgl. Hiller, Klaus (2006)

152 *„Eine Scheinehe liegen dann vor, wenn die Eheschließung nur der Verschaffung eines Aufenthaltsrechtes dienen soll und somit kein Wille zur Begründung einer ehelichen Lebensgemeinschaft gegeben ist."* (BVerfG, Urteil vom 12. Mai 1987, Az. E 76, 1)

153 Vgl. Schmid, Susanne (2010, S. 161)

chene] Visum erlaubt, ist ein wichtiger Weg, auf dem Migranten zu irregulären Migranten werden, insbesondere in entwickelten Ländern."[154]

Schleuserorganisationen konzentrieren sich insgesamt heute vor allem auf vorbereitende und koordinierende Tätigkeiten. Die eigentliche Schleusung, also die Reise des irregulären Migranten, erfolgt mittlerweile meist ohne Schleuser. Plakativ stellte Minthe hierzu bereits 2002 fest: „Mit [ihren] Möglichkeiten sind [die Schleuser] in der Lage, weniger riskante Fußschleusungen durchführen zu müssen und sich mehr und mehr vom Schreibtisch aus gefälschter Visa und Pässe für eine Schleusung etwa per Flugzeug zu bedienen."[155]

3.7. Schleuserorganisationen

3.7.1. Kategorisierung

Jede Strategie zur Bekämpfung der Schleusungskriminalität setzt voraus, dass man weiß, wie diese organisiert ist. Oftmals herrscht die stereotype Vorstellung, dass Schleuserorganisationen große, pyramidenförmig hoch strukturierte mafiose Organisationen sind.[156] So auch bei Minthe: „Allen [internationalen Schleuserbanden] ist gemeinsam, dass sie über gewerbliche und mehrstufige Organisationsstrukturen verfügen und sich durch ein hohes Maß an Abschottung auszeichnen, das ein Eindringen der Strafverfolger in das Innere der Vereinigungen mit herkömmlichen strafprozessualen Mitteln fast unmöglich macht."[157] Bei näherer Betrachtung zeigt sich jedoch eine ausgeprägte Variabilität von Schleuserorganisationen.[158] Danach ist in Anlehnung an die bereits unter 3.2.4 im Kontext der Mikroebenenbetrachtung irregulärer Migration dargelegten Gedankenansätze die folgende Kategorisierung ‚der Schleuser' möglich:

---

154 Entwicklungsprogramm für die Vereinten Nationen (2009, S. 33–34)

155 Minthe, Eric (2002b, S. 20)

156 Vgl. Heckmann, Friedrich (2003, S. 22)

157 Minthe, Eric (2002b, S. 22)

158 Vgl. Heckmann, Friedrich (2003, S. 146)

Kategorie A: Spezialisten in privaten Netzwerken, die aufgrund eigener Erfahrungen beim illegalen bzw. scheinlegalen Grenzübertritt helfen und sich lediglich ihre Unkosten vom Geschleusten erstatten lassen.

Kategorie B: Schleuser/-gruppierungen, die weitgehend uneigennützige Hilfestellung für Landsleute oder weltanschaulich nahe stehende Personen leisten.

Kategorie C: Schleuser/-organisationen, die zu Erwerbszwecken agieren und über ein breites Spektrum an Dienstleistungen und Ressourcen verfügen. Diese kennzeichnen sich teilweise durch eine reine Geschäftsorientierung nach Marktprinzipien, teilweise aber auch durch gezielte Ausbeutung und Täuschung der Migranten sowie das gezielte Schaffen von Abhängigkeiten.

Der Fokus von Bekämpfungsstrategien gegen die Schleusungskriminalität muss im Ergebnis auf der Kategorie C liegen. Hierzu scheint von besonderem Interesse, wie ebendiese Gruppierungen organisiert sind.

3.7.2. Netzwerk vs. hierarchische Täterstrukturen

Festzustellen ist zunächst, dass die Schleusergruppierungen der Kategorie C, internationalen Unternehmen vergleichbar, arbeitsteilig agieren. Die herrschende wissenschaftliche Meinung geht vor dem Hintergrund dieser Internationalität davon aus, dass bei weitgehender ethnischer Homogenität an Schlüsselfunktionen eine lose und netzwerkartige Organisation vorherrscht. „Die Hauptorganisierungsform der Schleuser ist [insofern] das Netzwerk. Gegenüber dem Markt als Kooperationsform bietet es die größere Kontinuität, gegenüber der hierarchischen Organisation mehr Flexibilität bei angemessener Stabilität."[159]

„[Schleuser]netzwerke […] werden gebildet von selbständigen, unabhängigen, kollektiven Akteuren und basieren zumeist auf langfristigen Beziehungen. Es gibt – zumindest partiell – ein gemeinsames Interesse zwischen den Organisationen, aber Kooperation geht mit Konkurrenz einher."[160] Dies erfordert keine formalen Organisationsprinzipien, festge-

---

159 Heckmann, Friedrich (2004, S. 3)

160 Heckmann, Friedrich (2003, S. 150)

schriebene Ziele sowie hierarchische Strukturen und ermöglicht so eine schnelle und spontane Reaktion auf unerwartete Änderungen der Rahmenbedingungen wie politische Krisen, Gesetzesänderungen oder veränderte Kontrollpraktiken.[161] Innerhalb der Netzwerkorganisation[162] besitzen die Akteure, Zahnrädern vergleichbar, Einzelzuständigkeiten für bestimmte Aufgaben im Schleusungsprozess. Bricht nun eines dieser Zahnräder – beispielsweise durch Strafverfolgungsmaßnahmen – heraus, so kann es schnell ersetzt werden, ohne dass die Gesamtorganisation in ernste Gefahr gerät. Der Auf- und Ausbau der Netzwerkorganisationen basiert, dem freien Markt vergleichbar, auf Profitstreben.

Auch bei Betrachtung des Schleusungsvorganges in seiner Gesamtheit lässt sich das Vorherrschen von Netzwerkstrukturen deutlich erkennen. So werden im Modell der dreistufigen Schleusung die Phasen Mobilisierung im Herkunftsland, Transitstadium und Integration im Aufnahmeland[163] unterschieden.[164] Jede Phase wird innerhalb des Netzwerkes durch Einzelakteure verantwortet, die in marktförmigen Beziehungen zueinander stehen. Hierarchische Organisationsformen können zwar teilweise bei der massenhaften Schleusung von Personen, etwa bei großen Schiffschleusungen, vorkommen, sind aber insgesamt eher ein Randphänomen.[165] Auch ohne diese hierarchische Struktur ist eine nicht unerhebliche Anzahl von Verfahren der Schleusungskriminalität als ‚Organisierte Kriminalität' zu kategorisieren, was nicht zuletzt durch die organisierte Arbeitsteiligkeit und Professionalität der Täternetzwerke begründbar ist.

---

161 Vgl. Neske, Matthias (2007, S. 68ff)

162 Netzwerkbegriff: In der Netzwerkforschung der Sozial- und Wirtschaftswissenschaft herrscht ein starker Widerstreit zur Definition. Während es einerseits als Oberbegriff betrachtet wird, welches allen ökonomischen und gesellschaftlichen Aktivitäten zu Grunde liegt (Vgl. Kappelhoff, Peter; 1999), betrachten es andere als eigenständige Organisationsform, die sich von Organisationen und dem freien Markt unterscheidet (Vgl. Powell, Walter W.; 1996). Bezogen auf kriminelle „Organisationen" ist die Verwendung des Netzwerkbegriffes nach Powell angezeigt, da informelle Aktivitäten ein enges Netzwerk persönlicher Bindungen erfordern.

163 Arbeitsvermittlung, ggf. in Abhängigkeitsverhältnisse von Geschleusten zum Schleusernetzwerk

164 Vgl. Abou Chabkaé, Tarek Armando (2000, S. 126)

165 Vgl. Heckmann, Friedrich (2004, S. 51)

Netzwerke verschiedener Art und Ausprägung haben im Bereich des Menschenschmuggels demnach eine weithin dominierende Stellung inne. „Moderne Schleuser sind also in vielen Fällen ‚Networker', Vermittler, ‚Businessmen', also Menschen, die viel mehr als eine genaue Ortskenntnis oder ihre kriminelle Energie ihren Geschäftssinn nutzen, um an einer Aktion mitzuwirken, die letzten Endes für alle Beteiligten erfolgreich sein soll."[166] Polizeiliche Bekämpfungsstrategien müssen daher der Zielsetzung folgen, zunächst ein möglichst umfangreiches Wissen zu Strukturen, Abläufen, Akteuren und Abhängigkeiten in den Netzwerken zu erlangen. Der Erkenntnisgewinn mittels offener Ermittlungsmaßnahmen wird dabei regelmäßig gering sein. Vielmehr kommt es auf verdeckte, klandestine Ermittlungsmaßnahmen, primär personeller Art, an. Ein weiterer Ansatzpunkt ist die Erforschung und Unterbindung der Geldflüsse innerhalb dieser Schleusernetzwerke.[167] Den Finanzermittlungen kommt insofern eine entscheidende Bedeutung zu.

3.8. Lebenssituation irregulärer Migranten

Direkte Folge der Schleusungskriminalität ist das Untertauchen der irregulären Migranten nach der Einreise im Aufnahmeland. Um Ansatzpunkte für Bekämpfungsstrategien zu finden, bedarf es daher auch einer kurzen Betrachtung der Lebenssituationen in der Illegalität.

Diese sind zunächst geprägt von fehlenden Zugangsmöglichkeiten zu gesellschaftlichen Ressourcen wie Schule, Wohnraum oder Rechtswegen. Weiterhin ergeben sich in Ermangelung eines Zugangs zum Gesundheitssystem Krankheitsrisiken. „[Die] Handlungsspielräume illegal aufhältiger Migranten werden von internen Kontrollen strukturiert, die beim Zugang zum Arbeitsmarkt und zu öffentlichen Leistungen ansetzen."[168] Daraus resultiert das stetige Bemühen, sich aus Angst vor Kontrolle und Statusaufdeckung im Alltag unscheinbar zu verhalten. Den Lebensunterhalt bestreiten irreguläre Migranten in der Schattenwirt-

166 Neske, Matthias (2007, S. 281)

167 Neske, Matthias (2007, S. 281)

168 Sinn, Annette; Kreienbrink, Axel; Loeffelholz, Hans Dietrich von; Wolf, Michael (2006, S.109)

schaft.[169] Zugang hierzu finden sie entweder aus Abhängigkeitsverhältnissen zum Schleusernetzwerk oder – in weitaus stärkerem Maße – über gemeinschaftsorientierte private und ethnische Netzwerke. Hierin fließen Informationen zu Zufluchts-, Arbeits- und Unterkunftsmöglichkeiten.[170] Die Arbeitsplätze irregulärer Migranten sind daher in der Regel durch geringe Attraktivität für einheimische Arbeitskräfte, Ortsgebundenheit und schlechte Kontrollierbarkeit geprägt. „Die hauptsächlich betroffenen Sektoren sind Landwirtschaft, Bauwirtschaft, Hotel- und Gaststättengewerbe und Transportdienstleistungen. Eine besondere Rolle spielen Dienstleistungen in Privathaushalten, weil Kontrollen in Privathaushalten einen starken Eingriff in die Privatsphäre darstellen würden und daher rechtlich und politisch erschwert sind."[171]

All dies mündet im Heranwachsen breit gefächerter Subgesellschaften, die nur schwer zugänglich und kontrollierbar sind. Zwar liegen keine belastbaren Daten über der Delinquenz der in der Illegalität Deutschlands lebenden irregulären Migranten vor, allerdings bieten diese Subgesellschaften ein hohes Potential für Normverstöße und Aktivitäten in verschiedenen Kriminalitätsfeldern.

3.9. Schnittmengen zu anderen Kriminalitätsfeldern

3.9.1. Schleusungskriminalität als Schlüsselkriminalität

In einer Expertise für den Sachverständigenrats für Zuwanderung und Integration stellte Friedrich Heckmann im Jahre 2004 fest, dass „eine Verbindung mit anderen Kriminalitätsbereichen wie Drogen- und Waffenhandel [...] beim Menschenschmuggel die absolute Ausnahme [ist]. [...] Eine Gefährdung der öffentlichen Sicherheit und Ordnung durch kriminelle Schleuserorganisationen ist im Bereich der kommerziellen Schleusung in Deutschland nicht gegeben."[172] Diese Bewertung der Schnittmengen von Schleusungskriminalität zu andern Feldern der (Or-

---

169 ausführlichere Behandlung unter Ziffer 3.9.1

170 Vgl. ausführlicher Alt, Jörg (2003, S. 9)

171 Vogel, Dita; Mitrovic, Emilija; Aßner, Manuel; Kühne, Anna (2009, S. 34)

172 Heckmann, Friedrich (2004, S. 4)

ganisierten) Kriminalität kann mit Blick auf die Fachliteratur seit 2002 als schon zum Zeitpunkt der Aussage unzutreffend bewertet werden.

Vielmehr führen Ermittlungen in der Schleusungskriminalität regelmäßig in andere Felder der Organisierten Kriminalität.[173] Auch der Zweite Periodischer Sicherheitsbericht stellt fest, [...] dass die erfassten Tätergruppierungen überwiegend deliktübergreifend vorgehen [...].[174] Sie weisen zudem staaten- und ebenenübergreifende Verflechtungen sowie Vorgehensweisen professioneller Organisierter Kriminalität auf.[175] Bei Schleusungen eingespielte Handlungsrouten und -modalitäten werden für andere Delikte genutzt. Deliktübergreifende Logistik-, Ressourcen- und Akteursverflechtungen sind demnach bei grenzüberschreitender Kriminalität nicht allein in Form gemeinsamer Schmugglerrouten gegeben. „Eine Schleusung ist eine Logistikstraftat und geht einher mit anderen Begleit- und Folgedelikten, wie beispielsweise Fälschungsdelikten, Menschenhandel und illegaler Beschäftigung und anderen schweren Straftaten wie Rauschgiftkriminalität und Waffenhandel."[176] Weiterhin wurde in der Vergangenheit zum Teil festgestellt, dass ein nicht unerheblicher Teil der Flüchtlinge nach Deutschland kommt, um Festnahmen wegen Straftaten in ihrem Heimatland aus dem Weg zu gehen oder in Deutschland Straftaten zu verüben.[177]

Ein sehr stark mit der Schleusungskriminalität verbundenes Kriminalitätsfeld und damit auch einen Zugang für Bekämpfungsansätze stellt die sog. ‚Schattenwirtschaft' und damit die illegale Beschäftigung dar. Irreguläre Migranten begeben sich für die Schleusung nicht selten in Abhängigkeitsverhältnisse und kommen entsprechend verschuldet im Zielland an.[178] Schleusernetzwerke vermitteln so regelmäßig auch illegale

173 Vgl. hierzu insbesondere Niechziol, Frank (2007, S. 124) und Falk, Bernhard (2002, S. 14)

174 Bundesministerium des Innern; Bundesministerium der Justiz (Hg.) (2006, S. 440)

175 Vgl. hierzu Oberloher, Robert F. (2007, S. 122) und Nowotny, Kerstin (2002, S. 101)

176 Ziercke, Jörg (2006, S. 4)

177 Vgl. Ring, Bernhard (2002, S. 110)

178 Vgl. hierzu u.a. Vogel, Dita; Mitrovic, Emilija; Aßner, Manuel; Kühne, Anna (2009, S. 230)

Beschäftigung, um ausstehende Schleuserlöhne zu begleichen. Die Aktionsmöglichkeiten im Bereich der Schattenwirtschaft werden durch die bereits angesprochene hohe Nachfrage nach Ausländerbeschäftigung im Geringqualifiziertensektor noch befördert. Mit Blick auf Bekämpfungsstrategien lässt die Vernetzung von irregulärer Migration und illegaler Beschäftigung zunächst auf das Erfordernis einer wirksamen Vernetzung zuständiger Verfolgungsbehörden schließen.

Vergleichbare Schnittmengen weist die Schleusungskriminalität zum Menschenhandel auf. Dies belegen u.a. die Forschungen von Minthe und Herz. „Nach Angaben der in diesem Rahmen befragten Vertreter der Strafverfolgungsbehörden weisen Menschenhandelsverfahren "oft" bis "fast immer" Bezüge zur Schleuserkriminalität auf."[179] Schleusungen sind dabei oftmals faktisch Mittel zum Zweck der Verbringung von potentiellen Menschenhandelsopfern ins Zielland.[180] Primär wird hierfür auf Möglichkeiten der ‚Legendierten Schleusung' zurückgegriffen, die wiederum Abhängigkeitsverhältnisse der Geschleusten zum Schleusernetzwerk generieren.[181] Diese werden dann als Grundlage für den Menschenhandel immanente Formen der Zwangsarbeit und -prostitution genutzt.[182] Übergänge zwischen Schleusungskriminalität und Menschenhandel sind somit fließend. Eine strikte Trennung der Bekämpfung und Strafverfolgung beider Deliktfelder ist damit nicht zielführend. Vielmehr ist eine intensive Zusammenarbeit der zuständigen Behörden unabdingbar.[183] Damit erscheint es auch fachlich erwägenswert, die Strafverfolgungszuständigkeiten beider Deliktfelder grundsätzlich in den Händen einer Behörde zusammen zu führen.

Im Ergebnis hebt „die Tatsache, dass wir immer wieder Verknüpfungen der Schleusungskriminalität mit organisierten Täterstrukturen und mit anderen Deliktsfeldern feststellen, [...] die polizeiliche Bedeutung des Phänomens hervor!"[184] Dies ist im Übrigen auch anhand der unter Ziffer 3.3.4 dargestellten OK-Lagedaten belegbar. Aufgrund dessen kann der

---

179 Herz, Annette L.; Minthe, Eric (2006, S. 178)

180 Vgl. Herz, Annette L.; Minthe, Eric (2006, S. 278)

181 Vgl. Neske, Matthias (2007, S. 22); siehe auch Ziffer 3.6.1

182 Vgl. Neske, Matthias (2007, S. 143)

183 so auch Hiller, Klaus (2006)

184 Ziercke, Jörg (2006, S. 4)

Schleusungskriminalität eine Schlüsselbedeutung bei der Bekämpfung Organisierter Kriminalität zugemessen werden, die sich auch kriminalstrategisch widerspiegeln muss.

3.9.2. Sonderfall ‚Islamistischer Terrorismus'

Neben den Schnittmengen zur Organisierten Kriminalität ist insbesondere nach den Anschlägen vom 11. September 2001 in den USA die Möglichkeit einer Vernetzung von Schleusungskriminalität und islamistischen Terrorismus in den Fokus gerückt. Dabei wird „ein Zusammenhang zwischen den terroristischen Anschlägen und Migration [...] hergestellt, da alle Anschläge, bis auf den Bombenanschlag von Oklahoma City im April 1995, von Einwanderern durchgeführt wurden."[185] Mag diese Feststellung auf die Gesamtheit der Migration zutreffen, ist im Hinblick auf irreguläre Migration und damit Schleusungskriminalität eine differenziertere Betrachtungsweise erforderlich.

So geht der Bundesnachrichtendienst „insgesamt von einer relativ kleinen, aber gefährlichen Schnittmenge zwischen islamistischen Extremisten und spezialisierten Schleusern mit Zielrichtung Schengen-Raum aus."[186] Insbesondere die durch Schleusernetzwerke vorgehaltene Infrastruktur wird auch durch ausländische terroristische und extremistische Organisationen genutzt.[187] Dies erfolgt nicht allein nach Europa hinein. Vielmehr werden ‚Leerkapazitäten' der Schleuserinfrastruktur auch für Schleusungen aus dem Rückzugs- und Ruheraum Europa in Kampf- und Aktionsgebiete wie Afghanistan, Pakistan oder Tschetschenien gefüllt.[188] Auch hier kommt ‚Legendierten Schleusungen', etwa in Form von Visaerschleichungen eine entsprechende Bedeutung zu. „Die[se] Berührungspunkte zwischen illegaler Migration und dem internationalen Terrorismus resultieren im Wesentlichen daraus, dass transnational agierende terroristische Organisationen im Einzelfall darauf angewiesen sind, Personen konspirativ in bestimmte Zielländer zu verbringen."[189]

---

185 Westermann, Sophie (2009, S. 43)

186 Urlau, Ernst (2006)

187 Vgl. Seeger, Matthias (2011, S. 151) sowie Urlau, Ernst (2006)

188 Vgl. Falk, Bernhard (2002, S. 14)

189 Urlau, Ernst (2006)

Die dargestellten Schnittmengen basieren jedoch nahezu ausschließlich auf Erfahrungswerten und entsprechenden Bewertung von Sicherheitsbehörden. Ein empirischer Beleg hierfür fehlt, was nicht zuletzt auf einen sich schwierig gestaltenden Feldzugang in diese regelmäßig vertraulich bis geheim behandelte Materie zurückführbar ist. Ein Forschungsinteresse wäre hier somit eindeutig gegeben. Festzuhalten bleibt, dass Schnittmengen zwischen Schleusungskriminalität und islamistischem Terrorismus mit hoher Wahrscheinlichkeit gegeben sind und somit entsprechend Gefahren für den Schengen-Raum generiert werden.

4. Zwischenfazit – Herausforderungen und Schlussfolgerungen

4.1. Zusammenfassung zentraler Herausforderungen

Die Ergebnisse der vorgenommenen Analyse des Phänomens der Schleusungskriminalität lassen sich zu folgenden zentralen Herausforderungen für die Bekämpfung dieses Kriminalitätsfeldes zusammenfassen:

a. Ab 1998 gingen die Feststellungen im Bereich irregulärer Migration und Schleusungskriminalität zurück, was bis 2005 zu einer Halbierung dieser führte. Seitdem ist bei irregulärer Migration ein leichter und bei Schleusungen ein deutlicher Anstieg feststellbar. Überdies sind Indizien für ein weiterhin großes Dunkelfeld irregulärer Migranten in der Illegalität erkennbar.

b. Deutschland ist Transit- und zunehmend auch wieder Zielland irregulärer Migration. Seine Attraktivität steigt aufgrund einer stabilen Wirtschaft, des Arbeitskräftemangels und der demografischen Entwicklung. Hierdurch gewinnen Formen der Arbeits- und Pendelmigration zunehmende Bedeutung.

c. Migrationspotential sowie Migrationsströme und damit auch die Schleusungskriminalität sind in hohem Maße von der weltpolitischen Gesamtlage abhängig. Ein wesentlicher Trend in Bezug auf das Migrationspotential geht dabei nach Afrika. Hier ist eine Zunahme irregulärer Migration zu erwarten, bei der Schleusernetzwerke eine stärkere Bedeutung erhalten werden.

d. Irreguläre Migration führt zur Bildung von transnationalen Netzwerken, welche die Basis für Folgemigration darstellen und damit Migrationsverstärkungseffekte erzeugen. Im Rahmen dieser Netzwerke kommt es auch zur Entwicklung breit gefächerter Subgesellschaften in der Illegalität. Diese Subgesellschaften bestehen primär in großstädtischen Räumen.

e. Moderne Massenmedien besitzen eine wachsende Bedeutung als Tatanreizmultiplikator in den Herkunftsländern. Überdies wird insbesondere das Internet auch durch Schleusernetzwerke als Tatanbahnungs- und Tatsteuerungsmedium genutzt.

f. Schleusergruppen sind primär als Netzwerke organisiert und bilden keine hierarchische Organisation. Sie agieren meist nicht mehr direkt am bzw. mit dem Geschleusten, sondern aus dem Ausland ‚vom Schreibtisch aus'.

g. Schleusernetzwerke erfahren eine fortlaufende Professionalisierung und Internationalisierung. Der Trend geht zu einem höheren Organisationsgrad und qualifizierteren modi operandi. Insofern gewinnen die Formen der ‚legendierten Schleusung', wie Scheinehen, Identitätsbetrug und (organisiertes) ‚Overstaying' zunehmende Bedeutung.

h. Entlang der Schleusungsrouten bilden ‚Hubs' zentrale Ansatzpunkte für Interventionsstrategien. Nicht zuletzt deshalb bedarf es einer weitgehenden internationalen Vernetzung der Bekämpfungsinstanzen.

i. Die Bedeutung von sog. Inlandsfeststellungen irregulärer Migranten nimmt gegenüber den Feststellungen an der Grenze zu. Gut ausgebaut Verkehrsinfrastrukturen im Inland werden für Schleusungen genutzt.

j. Schleusungskriminalität ist ein Schlüsselkriminalitätsfeld, das regelmäßig mit Begleit- und Folgekriminalität verbunden ist. Schnittmengen bestehen insbesondere zum Menschenhandel, zum Rauschgiftschmuggel sowie zur illegalen Beschäftigung. Zudem hält sie Infrastrukturen bereit, die auch von islamistisch-terroristischen Netzwerken genutzt werden könnten.

4.2. Schlussfolgerungen für strategische Planung

Nachdem die im Rahmen der kriminologischen Betrachtung identifizierten Herausforderungen in konzentrierter Form dargestellt wurden, sollen auf dieser Basis nunmehr wesentliche Schlussfolgerungen für (kriminal)strategische Bekämpfungskonzepte gezogen werden. Hierzu ist zunächst festzustellen, dass insbesondere aufgrund ihrer Bedeutung als ‚Schlüsselkriminalität' „[…] die Bekämpfung der Schleusungskriminalität konsequent und mit hoher Intensität betrieben werden […]"[190] muss. Eine entsprechende Priorisierung stellt eine „elementare Bedingung für sozial stabile, angstfreie und tolerante Gesellschaften in den Staaten des Westens"[191] dar. Hierzu ist eine ganzheitliche Herangehensweise erforderlich. Migrationspolitik und Bekämpfungskonzepte, die ein rein repressives Vorgehen setzen, werden scheitern. „Repressive Maßnahmen sind zwar unverzichtbar, jedoch langfristig unter zunehmenden Migrationsdruck nicht ausreichend. Um wirklichen Einfluss auf das Migrationspotential zu nehmen, bedarf es umfassender Ansätze."[192]

Dies erfordert zunächst auf nationaler Ebene eine enge Kooperation zwischen den relevanten Sicherheitsbehörden wie Grenzpolizei, allgemeiner Polizei und Zoll durch gemeinsame Analyse, gezielte gemeinsame Operationen sowie gegenseitige Unterstützung. Verantwortlichkeiten müssen hierzu klar und vor allem sachorientiert definiert sein. Diese überbehördliche Zusammenarbeit muss auch sonstige vom Phänomen tangierte Behörden wie Ausländer-, Sozial- und Standesämter sowie im Bereich der Prävention auch NGO einbeziehen. Wesentliches Ziel sollte dabei die Verbesserung und Beschleunigung phänomenbezogene Informationsgrundlagen für die kriminalstrategische Planung sein.

Weiterhin bedarf es einer weitgehenden Kooperation auf internationaler Ebene. „In einer zunehmend vernetzen Welt und insbesondere in der Europäische Union, die den internationalen Austausch von Waren, Dienstleistungen und Kapital stärken will und dafür die Grenzen öffnet, wird es jedoch zunehmend schwerer, Illegalität mit rein

190 Stock, Jürgen (2009, S. 117)

191 Falk, Bernhard (2002 , S. 15)

192 Westermann, Sophie (2009, S. 155)

nationalen Ansätzen zu bekämpfen."[193] Vielmehr sind transnationale Konzepte und multilaterale Zusammenarbeit gefragt. So müssen Präventions- und Repressionskomponenten bereits in Herkunfts- und Transitländern ansetzen. In Zeiten nicht mehr existenter systematischer Grenzkontrollen innerhalb des Schengen-Raumes, müssen Kontrollinstanzen im Sinne einer ‚virtuellen Grenze' ins Ausland vorverlagert werden. Zudem bedarf es auch im europäischen Kontext einer ganzheitlichen Vernetzung von Prävention und Repression.

„Schleusungskriminalität ist Kontrollkriminalität. Die Aufdeckung ist im Wesentlichen proaktiven Entdeckungsstrategien der formellen Instanzen der Kriminalitätskontrolle vorbehalten."[194] Es bedarf daher einer umfassenden polizeilichen Fahndungs- und Kontrollarbeit. Herkömmliche ‚externe Grenzkontrollen'[195] müssen um ‚interne Kontrollen', also Kontrollen im Inland zum Auffinden von bereits in der Illegalität befindlichen irregulären Migranten, ergänzt werden. „Die Bedeutung der ‚internen Kontrollen' wächst aufgrund der Zunahme von grenzüberschreitendem Handel und Verkehr zwischen den europäischen Ländern, da die tagtäglichen Ströme von Touristen und Geschäftsleuten, von denen die Länder mehr oder weniger stark betroffen sind, die Effektivität ‚externer Grenzkontrollen' herabsetzen."[196] So auch Sinn: „Da aufenthaltsrechtliche Illegalität am Häufigsten nach einer legalen oder scheinlegalen Einreise entsteht, wird Personenkontrollen im Inland eine entscheidende Rolle beigemessen."[197] Derartige Kontrollen dürfen nicht auf einen engen Grenzkorridor beschränkt bleiben. Notwendig sind vielmehr Fahndungsmaßnahmen auf überregionalen Verkehrswegen sowie in Großstädten und Ballungsräumen. Bestehende Migrantennetzwerke können hierfür einen zentralen Ansatzpunkt darstellen. Im Sinne der dargestellten Kontrollstrategie erscheint die Synchronisierung der ‚internen' und ‚externen' Kontrollformen zwingend erforderlich. Als Ideal erschiene

---

193 Sinn, Annette; Kreienbrink, Axel; Loeffelholz, Hans Dietrich von; Wolf, Michael (2006, S. 65)

194 Baumbach, Jörg (2002, S. 33)

195 Kontrollen an den Schengenaußengrenzen sowie vorverlagerte Maßnahmen im Ausland

196 Westermann, Sophie (2009, S. 118)

197 Sinn, Annette; Kreienbrink, Axel; Loeffelholz, Hans Dietrich von; Wolf, Michael (2006, S. 78)

hier die Bündelung der Kontrollverantwortlichkeiten unter einem behördlichen Dach.

Das migrationspolitische Äquivalent zu den (Grenz)Kontrollen ist die Visumerteilung. Aufgrund der gewachsenen Bedeutung ‚Legendierter Schleusungen' kommt der Visumpolitik sowohl in Bezug auf die Begrenzung der irregulären Migration und Bekämpfung der Schleusungskriminalität eine wesentliche Rolle zu. Die Visavergabe muss daher mit polizeilichen Erkenntnislagen und ggf. sogar Prüfinstanzen verknüpft werden. Da es sich hierbei um einen auf europäischer Ebene vollständig harmonisierten Rechtszweig handelt, kann auch dies nur in Form einer engen internationalen Kooperation der Schengen-Staaten funktionieren. Eine Basis hier bildet das Visainformationssystem.

Wirksame Strategien zur Bekämpfung der Schleusungskriminalität bedürfen auch einer Berücksichtigung lageangemessener technischer und taktischer Mittel. Dies beinhaltet zunächst das Erfordernis, Techniken und Kompetenzen zum flächendeckenden Erkennen von Urkundenfälschungen sowie zur Identifizierung neuer Fälschungsformen bereitzuhalten und stetig fortzuentwickeln. Weiterhin müssen Möglichkeiten in rechtlicher und technischer Hinsicht gegeben sein, die Kommunikation der internationalen Schleusernetzwerke zu überwachen. Überdies muss das auch bei der Schleusungskriminalität als Vermittlungs-, Kommunikations- und Informationsinstanz genutzte ‚Tatmedium' Internet in stärkerem Maße berücksichtigt werden. Neben einer Kommunikationsüberwachung kann dies insbesondere durch gezielte Internetrecherchen oder die Nutzung für Präventionskampagnen in den Herkunftsländern erfolgen. Taktische Maßnahmen sollten zudem an erkannten ‚Schleusungs-Hubs' ansetzen. Dies kann neben gezielten strategischen und operativen Auswertungen durch verdeckte personelle und technische Informationserhebungen erfolgen.

Zusammenfassend lässt sich feststellen, dass der Schleusungskriminalität langfristig nur erfolgreich begegnet werden kann, wenn eine ganzheitliche Bekämpfungsstrategie verfolgt wird. Hierzu bedarf es einer Migrationspolitik, die Teil einer europaweiten Strategie sein muss und nicht allein repressiv ausgestaltet sein darf. Wesentlicher Bestandteil muss dabei ein polizeilicher Akteur sein, der die repressive Seite dieser Politik spezialisiert ausfüllt und mit den polizeilichen ebenso wie mit den nicht-polizeilichen präventiven Elementen weitest möglich vernetzt ist. Diese Spezialisierung muss jedoch auch Erkenntnisse aus den mit der Schleusungskriminalität verbundenen Phänomenbereichen in gebotenem Maße berücksichtigen.

5. Facing the Challenge – Kriminalstrategische Betrachtung

In diesem Kapitel wird auf Basis der erarbeiteten Herausforderungen und den darauf aufbauenden Schlussfolgerungen eine kriminalstrategische Betrachtung vorgenommen. Dazu werden zunächst der internationale Handlungsrahmen und die sich darin einbettende nationale Bekämpfungsstrategie reflektiert. Hiernach richtet sich der Fokus auf die strategische Ausrichtung der relevanten Bundesbehörden. Abschließend wird dann die Rolle des Bundes bei der Bekämpfung der Schleusungskriminalität im Lichte der Empfehlungen der ‚Kommission zur Evaluierung der Sicherheitsbehörden' näher untersucht.

5.1. Internationale Bekämpfungsstrategien

5.1.1. Internationaler und europäischer Handlungsrahmen

„Da isolierte, kurzfristige und nationale Maßnahmen nicht geeignet sind, irreguläre Migration nachhaltig einzudämmen, sollten umfassende, langfristige und international abgestimmte Ansätze gewählt werden, die innen-, außen- und entwicklungspolitische Instrumente miteinander verbinden."[198] Dieser Erkenntnis folgend hatte sich die Staatengemeinschaft erstmals zu Beginn der 1990er Jahre mit Möglichkeiten der internationalen Kooperation und Harmonisierung auseinander gesetzt. Die 1993 formulierten ‚Budapester Empfehlungen' beinhalteten neben Rechtsharmonisierungen u.a. Standards für Grenzkontrollen, die Einrichtung spezialisierter Dienststellen sowie Maßnahmen gegen Transportunternehmer. Diese Empfehlungen sind mittlerweile flächendeckend umgesetzt. Der daraus erwachsene ‚Budapest-Prozess' dauert an. Er dient mittlerweile 40 Mitgliedsstaaten als Plattform zur Problemerkennung und für einen Dialog. Den ‚Budapester Empfehlungen' folgten in diesem Rahmen 1997 die Empfehlungen von Prag und 2003 die Empfehlungen von Rhodes.

---

198 Angenendt, Steffen (2007, S. 6)

Die Vereinten Nationen haben im Jahre 2004 das sog. Palermo-Protokoll[199] verabschiedet, dass von 112 Staaten unterzeichnet wurde. Die Vorschriften des Protokolls enthalten explizite Verhaltensnormen. So werden die Mitglieder dazu angehalten, bei der Bekämpfung der Schleusungskriminalität miteinander zu kooperieren (Art. 8), relevante Informationen auszutauschen (Art. 10) und sich gegenseitig ihr technisches Wissen zur Verfügung zu stellen (Art. 14). Eine weitere wichtige Bestimmung ist die Kriminalisierung der Schleusung und allen Tätigkeiten, die damit in Verbindung stehen (Art.6).

Im Rahmen der EU hatte der Europäische Rat erstmals 1999 mit dem ‚Programm von Tampere' eine Agenda zur Bekämpfung irregulärer Migration verabschiedet. Die darin vereinbarten Maßnahmen zielten darauf, irreguläre Migration „an den Wurzeln [zu] bekämpfen".[200] Das ‚Programm von Tampere' wurde 2003 durch die Beschlüsse des Europäischen Rates von Thessaloniki, die insbesondere eine Intensivierung der Kooperation vorsahen und die Grundlage zur Einrichtung der europäischen Grenzschutzagentur FRONTEX bildeten, ergänzt.[201]

Im Jahr 2008 hatte die EU zudem eine ‚Informelle hochrangige beratende Gruppe zur Zukunft der Europäischen Innenpolitik („Future-Group")' eingesetzt, die sich auch mit der Bekämpfung irregulärer Migration und Schleusungskriminalität befasste. In ihrem Abschlussbericht stellte die Gruppe fest, dass die Polizeien in den Mitgliedsstaaten eine europäische Perspektive einnehmen müssen.[202] „Der zunehmenden Spezialisierung des organisierten Verbrechens […] kann nur mit einer verbesserten Zusammenarbeit der Strafverfolgung und der Justiz innerhalb und außerhalb der Europäischen Union sowie mit der Unterstützung des Kapazitätsaufbaus in Drittstaaten begegnet werden."[203] Hierzu schlägt die Gruppe die Etablierung eines in allen Mitgliedsstaaten anwendbaren Modells Gemeinsamer Zentren der Polizei- und Zollzusammenarbeit vor und verweist auf die Erforderlichkeit einer Weiterentwicklung europäi-

[199] „Protokoll gegen die Schleusung von Migranten auf dem Land-, See- und Luftweg"; Vgl. United Nations (2000)

[200] Europäischer Rat (1999, Zif. 23)

[201] Europäischer Rat (2003)

[202] Vgl. Future Group (2008, S. 23)

[203] Future Group (2008, S. 56)

scher Datenbanken und Technologien zur Bekämpfung irregulärer Migration.[204] Weiterhin erkennt die Gruppe an, dass die Zusammenarbeit von Strafverfolgungsteams an den Außengrenzen notwendig ist, um eine wirksame Politik der gegenseitigen Unterstützung erreichen zu können. Nicht zuletzt hierzu sollen die Ressourcen von FRONTEX ausgebaut werden.[205] Die Empfehlungen der ‚Future-Group' wurde durch den Europäischen Rat bei der Erstellung des ‚Stockholmer Programms' im Jahr 2009, worin die Einwanderungs- und Asylpolitik einen Schwerpunkt darstellt, berücksichtigt.[206] Gefordert wird eine gemeinsame Strategie mit dem Ziel, die Einwanderungspolitik und die Bedürfnisse des Arbeitsmarktes besser aufeinander abzustimmen, wobei die Integration der Einwanderer gefördert und die irreguläre Migration bekämpft werden sollen.[207] Hierzu sei es unerlässlich mit den Nichtmitgliedstaaten zusammenzuarbeiten, aus denen die Migranten in die EU gelangen.[208] Vor diesem Hintergrund ist auch die Rolle von FRONTEX zu stärken.[209]

Die Bedeutung der europäischen Grenzschutzagentur wächst damit zusehends. Während FRONTEX zunächst einen nahezu ausschließlich gefahrenabwehrenden Charakter hatte, der Strafverfolgungsaspekte den Mitgliedsstaaten überließ, wurde im März 2008 ein strategisches Abkommen zwischen FRONTEX und dem europäischen Kriminalpolizeiamt EUROPOL unterzeichnet. Damit wurde der Austausch strategischer Informationen zwischen beiden Institutionen zur Nutzung bei der Erstellung von Auswertungsprodukten verstärkt.[210]

Weitere Konkretisierungen der internationalen Zusammenarbeit zur Bekämpfung irregulärer Migration und Schleusungskriminalität erfolgten im ‚Vertrag von Prüm'[211], durch die sog. ‚Schwedische Initiative'[212] sowie im Wege einer einheitlichen europäischen Asylpolitik auf Basis

204 Future Group (2008, S. 4; 21)

205 Future Group (2008, S. 9)

206 Vgl. Europäischer Rat (2009)

207 Europäischer Rat (2009, S. 63)

208 Europäischer Rat (2009, S. 72)

209 Europäischer Rat (2009, S. 55-57)

210 Vgl. Bundesministerium des Innern (2009, S. 35)

211 Vgl. ausführlich Bundesministerium des Innern (2009, S. 29)

212 Vgl. ausführlich Bundesministerium des Innern (2009, S. 20)

der ‚Dublin-II-Verordnung'. Auf das ‚Schengener Informationssystem' und dessen Bedeutung als eine der wesentlichen Ausgleichsmaßnahmen nach dem Wegfall der Grenzkontrollen sei in diesem Zusammenhang hingewiesen.

5.1.2. Bewertung der internationalen Zusammenarbeit

Betrachtet man die dargestellten politischen Entwicklungen und Strategiesetzungen der vergangenen zwanzig Jahre, so ist festzustellen, dass der Ausbau internationaler Kooperation und Vernetzung dabei den wesentlichen Schwerpunkt darstellte. Nicht allein im Rahmen des Schengener Grenzregimes wurde eine Vielzahl von gemeinsamen Standards und konkreten Kooperationsformen geschaffen, die ein ausgeprägtes Bewusstsein der Politik für die wesentlichen Herausforderungen bei der Bekämpfung irregulärer Migration und Schleusungskriminalität belegen. Positiv erscheint auch, dass sich kooperative Strategien nicht allein in der Zusammenarbeit mit Nachbarländern erschöpfen. Ein Trend geht hierbei auch in Richtung Herkunfts- und Transitstaaten.

Trotz aller treffender Programmatik scheint jedoch gerade deren Realisierung noch optimierungsbedürftig. „Der Prozess einer partiellen Europäisierung der Staatsaufgabe Sicherheit ist in vollem Gange. […] Da die Integrationsbemühungen in diesem Politikfeld erst spät einsetzten und erst seit 1999 tragende rechtliche Kompetenzgrundlagen vorhanden sind, kann noch nicht von einer kohärenten Politik gesprochen werden."[213] Nicht selten bleibt es so noch bei internationalen strategischen Zielsetzungen, deren Umsetzung sich in der Praxis nur bedingt widerspiegelt.

Ein wesentliches Beispiel für diese Optimierungsbedürftigkeit stellt die europäische Grenzschutzagentur FRONTEX dar. Diese sollte im Kern die operative Zusammenarbeit der Mitgliedstaaten stärken, was allerdings bisher nur in Ansätzen gelang. So blieb FRONTEX allein auf operative Maßnahmen der Gefahrenabwehr beschränkt. Maßnahmen der Strafverfolgung blieben ebenso wie die damit verbundene Hoheit über phänomenbezogene Erkenntnisse und Strukturen in Verantwortlichkeit der Mitgliedstaaten. Auch ist der Aktionsradius der Grenzschutzagentur

[213] Kugelmann, Dieter (2010, S. 118)

auf die Schengen-Außengrenzen beschränkt. Bleibt zu konstatieren, dass das Erfordernis einer ganzheitlichen Herangehensweise bei der dargestellten Zerklüftung von Verantwortlichkeiten nicht erfüllt wird. Erst seit kurzem versucht man diese Ganzheitlichkeit durch eine engere Kooperation mit EUROPOL als etwaigem repressivem Komplement zu FRONTEX zu erreichen.[214] Da EUROPOL selbst keine Operativbefugnisse besitzt, kann diese Kooperation jedoch nur auf Formen der Auswertung und Analyse beschränkt bleiben. Zumindest das Erfordernis einheitlicher gesamteuropäische Lagebilder kann so ansatzweise mit Leben gefüllt werden.[215] Ein weiteres Beispiel für nur bedingt gegebene Deckungsgleichheit politisch-strategischer Zielsetzung und praktischer Realisierung stellt die Dublin-II-Verordnung dar. Praktische Erfahrungswerte zeigen, dass Quantität und Qualität in der Umsetzung der sich aus dieser ergebenden Verantwortlichkeiten europaweit teilweise divergieren.[216]

Insgesamt zeigt sich also noch ein nicht unerheblicher Konkretisierungs- und Ausgestaltungsbedarf politisch-strategischer Programmatik. „Mit der Internationalisierung der Kriminalität hat die "Internationalisierung" der Strafverfolgungsbehörden, d.h. vor allem ihre grenzüberschreitende enge und schnelle Zusammenarbeit, trotz aller Fortschritte nicht Schritt gehalten."[217] Die Ursache liegt hierbei meist in nationalstaatlichen Egoismen, deren Überwindung für eine wirkungsvolle europäische Harmonisierung notwendig ist. Auch hierfür ein konkretes Beispiel: „Eine gemeinsame Strategie der Einwanderung hat die Zuständigkeit der Mitgliedstaaten für die Arbeitsmarktpolitik zu beachten. Über den Grenzschutz und damit die Abwehr von Immigration ist einfacher Einigkeit zu erzielen als über die konstruktive Steuerung der Einwanderung."[218]

---

[214] Vgl. hierzu auch Ziffer 5.1.1

[215] Vgl. Ständige Konferenz der Innenminister und -senatoren der Länder (2009, S. 17)

[216] Vgl. hierzu u.a. United Nations High Commissioner for Refugees (2009, S. 3)

[217] Gatzke, Wolfgang (2009, S. 143)

[218] Kugelmann, Dieter (2010, S. 114)

Von Relevanz für eine Analyse der nationalen Bekämpfungsstrategie ist der sich aus zunehmender internationaler Vernetzung ergebende Trend zur Bündelung und Zentralisierung von Verantwortlichkeiten auf nationalstaatlicher Ebene. „Effizient und angesichts sprachlicher und verwaltungstechnischer Gegebenheiten praktikabel ist es, eine bestimmte Stelle in einem Mitgliedstaat mit den Aufgaben zu betrauen."[219]

5.2. Nationale Bekämpfungsstrategie

5.2.1. Grundlagen und Zusammenhänge

In den dargestellten internationalen Handlungsrahmen betten sich nationale Konzepte zur Bekämpfung irregulärer Migration und Schleusungskriminalität ein. Allerdings existiert in Deutschland keine homogene nationale Strategie im eigentlichen Sinne, da Verantwortlichkeiten und Kompetenzen in den Feldern Migrationssteuerung und Strafverfolgung aufgrund des Föderalismusprinzips sowie unterschiedlicher Ressortzuständigkeiten auf eine Vielzahl von Behörden und Institutionen verteilt sind. Trotzdem sind wesentliche strategische Linien erkennbar, in deren Zentrum abermals der Kooperationsgedanke steht. Dabei herrscht die Grundeinsicht vor, dass Schleusungskriminalität nur in enger behörden- und ressortübergreifender Zusammenarbeit erfolgreich bekämpft werden kann. Diese Zusammenarbeit soll die Informationszusammenführung durch einen engen Schulterschluss aller betreffenden Behörden und Einrichtungen des Bundes und der Länder beinhalten.[220] Auf polizeilicher Seite bildet die ‚Konzeption zur Bekämpfung der Schleusungskriminalität'[221] der AG Kripo aus dem Jahr 1998, fortgeschrieben im Jahr 2001 – zumindest formell – die Basis der gegenwärtigen Strategie. Deren faktische Relevanz bleibt mit Blick auf die noch zu thematisierenden Ausrichtungen der Behörden sowie Kooperationsformen jedoch fraglich.

---

219 Kugelmann, Dieter (2010, S. 118)

220 Vgl. Bundesministerium des Innern; Bundesministerium der Justiz (Hg.) (2001, S. 337)

221 nicht veröffentlicht, als Verschlusssache ‚Nur für den Dienstgebrauch' (VS-NfD) eingestuft

Zur Umsetzung einer umfassenden internationalen Kooperation bei der Bekämpfung der Schleusungskriminalität hat Deutschland eine Vielzahl bi- und multilateraler Abkommen zur Zusammenarbeit mit Polizei- und Grenzbehörden in Nachbarländern getroffen bzw. sich daran beteiligt. Die grenzüberschreitende Zusammenarbeit erfolgt daher in vielfältiger Form, sei es über eine aktive Beteiligung an FRONTEX, den Abschluss von Rücknahmeübereinkommen oder durch die zielgerichtete Nutzung internationaler Netzwerke.[222] Auch wird in diesem Zusammenhang eine Vorverlagerungsstrategie von Kontroll- und Informationsgewinnungskomponenten in Herkunfts- und Transitländer verfolgt.[223] Eine besondere Bedeutung bei der Ausfüllung internationaler Kooperation kommt den Gemeinsamen Zentren (GZ) mit den Nachbarstaaten zu. Die Besonderheit der GZ besteht darin, dass dort nicht nur die Grenzschutzbehörden, sondern alle betroffenen Sicherheitsbehörden der beteiligten Staaten in einer gemeinsamen Dienststelle zusammenarbeiten. Das ist gerade dann vorteilhaft, wenn die grenzüberschreitende Zusammenarbeit durch Unterschiede in Sprache, Rechtsordnung, Behördenstruktur und Verwaltungsmentalität erschwert wird.[224] Die GZ sind jedoch neben ihrer Ausrichtung auf die internationale Zusammenarbeit auch ein Plattform für die Intensivierung der Vernetzung auf nationaler Ebene, da mit der Bundespolizei, den Polizeien der Länder sowie den Zollbehörden wesentliche Akteure gemeinsame in den GZ vertreten sind.

Mit Blick auf die Schleusungskriminalität trifft diese nationale Vernetzung neben den genannten Behörden noch das Auswärtige Amt, die Ausländerbehörden, das Bundeskriminalamt sowie partiell den Bundesnachrichtendienst. Ausdruck von deren Kooperation sind exemplarisch wechselseitige Konsultationspflichten bei der Vergabe von Aufenthaltstiteln, die Bildung Gemeinsamer Ermittlungsgruppen, die Erstellung gemeinsamer Lagebilder, die Durchführung gemeinsamer Einsätze oder die Implementierung einer Fundpapierdatenbank.[225]

---

222 z.B.: Initiierung europaweiter Schwerpunktmaßnahmen über die Netzwerke TISPOL/AQUAPOL

223 nähere Erläuterung unter Ziffer 5.3.1

224 Vgl. Bundesministerium des Innern (2009, S. 24)

225 Vgl. hierzu exemplarisch Seeger, Matthias (2011, S. 153) sowie zur Fundpapierdatenbank ausführlich Onlineauftritt des Bundesverwaltungsamtes: *http://www.*

Besondere Bedeutung kommt in diesem Kontext der Einrichtung des ‚Gemeinsamen Analyse- und Strategiezentrums Illegale Migration (GASIM)' zu. Damit sollte u.a. gewährleistet werden, dass durch eine schnelle und konkrete Zusammenführung aller behördenübergreifend vorliegenden Informationen die operativen Ermittlungseinheiten vor Ort unterstützt werden.[226] Inwiefern das GASIM diesem Anspruch allerdings gerecht wird, ist noch nicht empirisch untersucht.

Weiterer elementarer Bestandteil der nationalen Bekämpfungsstrategie ist ein System ‚externer' und ‚interner Kontrollen', also Prüfungs- und Fahndungsmaßnahmen an den Schengenaußengrenzen, im Ausland sowie im Inland.[227] Hierzu wurden seit den 1990er Jahren die Kontrolltechnik stetig verbessert und der Personalansatz in den betroffenen Behörden kontinuierlich gesteigert. Gerade die herkömmlichen Mechanismen der ‚externen Kontrollen' erfuhren dabei beispielsweise durch Technisierung, Einrichtung von Fahndungsdatenbanken, Einführung von Sichtvermerkserfordernissen oder im weiteren Sinne der Sanktionierung von Beförderungsunternehmern eine wesentliche Erweiterung.[228]

In einer ersten Bewertung kann die nationale strategische Gesamtausrichtung zur Bekämpfung irregulärer Migration und Schleusungskriminalität lediglich als eingeschränkt zeitgemäß beschrieben werden. Positiv hervorzuheben sind dabei die vielfältigen Ansätze einer umfassenden internationalen Zusammenarbeit sowie die Fortentwicklung ‚externer Kontrollen'. Auch auf nationaler Ebene ist der Kooperationsgedanke ausgeprägt. Allerdings ist das Gesamtsystem nach wie vor gekennzeichnet durch Fragmentierungen und organisatorische Dezentralisierung sowie dem Versuch, dieses durch erhebliche Vernetzungsbemühungen auszugleichen. Zwar ist „eine gewisse organisatorische Fragmentierung […] mit dem am 1. Januar 2005 in Kraft getretenen Aufenthaltsgesetz durch die Einführung des ‚one-stop-government' bei den Ausländerbehörden beseitigt worden. Diese sind nun neben der Vergabe des Aufent-

bva.bund.de/nn_2158320/DE/Aufgaben/Abt__III/OeffentlicheSicherheitAuslaender/Funddokumente/fundpapiernode.html

226 Vgl. Hiller, Klaus (2006, S. 8)

227 Vgl. hierzu Ziffer 4.2; interne Kontrollen werden zudem unter Ziffer 5.2.2 gesondert behandelt

228 Vgl. Westermann, Sophie (2009, S. 97)

haltstitels auch für die Vergabe von Arbeitsgenehmigungen zuständig."[229] Das erscheint jedoch nur als der sprichwörtliche ‚Tropfen auf den heißen Stein'.

Stattdessen liegt beispielsweise das für ‚Legendierte Schleusungen' hochrelevante Visaerteilungsverfahren in alleiniger Zuständigkeit der konsularischen Vertretungen und ist nur unzureichend mit polizeilichen Ermittlungen und Kontrollaktivitäten verzahnt. Auch im Inland verteilen sich die aufenthaltsrechtlichen Aufgaben im engeren Sinne sowie die Kompetenzen der Strafverfolgung auf Bundespolizei, Polizeien der Länder und Ausländerbehörden. Im weiteren Sinne treten hierzu u.a. noch das Bundeskriminalamt im Rahmen seiner Zentralstellenaufgaben und die Zollbehörden im Zuge der Schwarzarbeitsbekämpfung. Die hierdurch erforderlichen Kooperations- und Vernetzungsaufwände könnten durch Kompetenzbündelungen reduziert werden.

5.2.2. Maßnahmen im Inland

Mit dem Wegfall der Kontrollen an den Landgrenzen im Rahmen des Schengen-Prozesses wurden als Ausgleichsmaßnahmen in nationalstaatlicher Verantwortung die Möglichkeiten und Aufwände für Kontrollen im Inland, sog. ‚interne Kontrollen' erweitert. Hierbei lassen sich direkte und indirekte Kontrollformen unterscheiden. Ziele sind jeweils die Aufhellung des Dunkelfeldes, die Erlangung von Erkenntnissen zur Schleusungskriminalität sowie die Initialisierung aufenthaltsbeendender Maßnahmen. Direkte Kontrollen erfolgen zielgerichtet u.a. im Binnengrenzraum, auf Verkehrswegen oder an Arbeitsstätten[230]. Wesentliche Bedeutung kommt dabei verdachtsunabhängigen Kontrollen durch Polizei- und Zollbehörden zu. „Solche Kontrollen sind [allerdings] in der Diskussion um Migration, Kriminalität und innere Sicherheit zum Teil umstritten, weil die Gefahr besteht, dass in ihnen eine diskriminierende Behandlung gesehen wird."[231] Indirekte Kontrollen finden primär im Rahmen relevanter behördlicher Verwaltungsprozesse, nicht selten in

229 Sinn, Annette; Kreienbrink, Axel; Loeffelholz, Hans Dietrich von; Wolf, Michael (2006, S. 11)

230 hier jedoch primär mit dem Ziel der Bekämpfung illegaler Beschäftigung

231 Sinn, Annette; Kreienbrink, Axel; Loeffelholz, Hans Dietrich von; Wolf, Michael (2006, S. 78)

Form von Konsultations- und Datenübermittlungspflichten, statt.[232] Die ‚internen Kontrollen' erfolgen in Verantwortung verschiedener Behörden im Rahmen ihrer jeweiligen Zuständigkeiten.

Die Bewertung der ‚internen Kontrollen' ist uneinheitlich. Ihre Dichte wird teilweise als relativ hoch eingeschätzt, was im Vergleich mit anderen Schengenstaaten zutreffen mag.[233] Unabhängig davon ist fraglich, wie effektiv und effizient derartige Kontrollen im Inland sind. Auch hierüber herrscht Uneinigkeit. Einige Autoren messen den Maßnahmen eine eher symbolische Relevanz zu.[234] Bei den Vertretern dieser Auffassung handelt es sich allerdings primär um gegenüber der staatlichen Bekämpfung irregulärer Migration generell kritisch eingestellten Wissenschaftlern, welche die unerwünschten Nebenfolgen des Kontrolldrucks im sozialen Bereich fokussieren und anhand dieser die Wirksamkeit der Kontrollen bewerten. Dem ist entgegen zu halten, dass ‚interne Kontrollen' zu hohen Feststellungszahlen irregulärer Migranten sowie von sonstigen Verstößen gegen aufenthaltsrechtliche Bestimmungen führen und damit durch die Summe von Einzelinformationen eine wesentliche Erkenntnisgrundlage zu im Hintergrund agierenden Schleusernetzwerken bilden. „Sind viele Lebensbereiche anonym organisiert, erleichtert das den illegalen Aufenthalt. Sind hingegen viele Bereiche personal organisiert, und darüber hinaus in staatliche Kontrollsysteme integriert, wird das Leben in der Illegalität erschwert."[235]

Insgesamt stellt das System ‚interner Kontrollen' in Deutschland eine wichtige Grundlage zur Bekämpfung irregulärer Migration und Schleusungskriminalität dar. Nach dem Wegfall der Grenzkontrollen an den Landgrenzen dürfen sich phänomenbezogene Kontrollmaßnahmen nicht mehr nur auf die Grenzlinie oder den grenznahen Raum beschränken. Vielmehr bedarf es eines modernen umfassenden Verständnisses der Maßnahmen zur Bekämpfung irregulärer Migration.[236] Die in Deutsch-

232 so etwa im Rahmen von Prüfungsmaßnahmen auf Ausländer-, Arbeits-, Sozial- oder Standesämtern; kritisch hierzu Vgl. Vogel, Dita; Cyrus, Norbert (2008, S. 4)

233 Vgl. Sinn, Annette; Kreienbrink, Axel; Loeffelholz, Hans Dietrich von; Wolf, Michael (2006, S. 72)

234 Vgl. hierzu ausführlich Vogel, Dita; Cyrus, Norbert (2008)

235 Westermann, Sophie (2009, S. 125)

236 Vgl. hierzu auch Kass, Rüdiger (2006, S. 9)

land vorhandenen Kontrollmöglichkeiten erscheinen auf dem ersten, quantitativen Blick ausreichend. Bei qualitativer Betrachtung zeigt sich jedoch Optimierungsbedarf. So bleiben direkte und zielgerichtete Kontrollen der Bundespolizei, die eine der elementaren Ausgleichsmaßnahmen nach dem Wegfall der Grenzkontrollen darstellen sollten, im Wesentlichen auf den grenznahen 30km bzw. 50km-Bereich beschränkt.[237] Ein umfassendes Verständnis im o.g. Sinne erfordert jedoch eine räumliche Entgrenzung dieser Kontrollen, sodass gerade entlang der Hauptverkehrsinfrastruktur im Inland zielgerichteter gefahndet werden kann.[238] Weiterhin finden die direkten und indirekten Kontrollen größtenteils unabhängig voneinander in unterschiedlichen Behördenzuständigkeiten und damit in hohem Maße fragmentiert statt. In Ermangelung einer hinreichenden Vernetzung könnte darunter einerseits die Zielgerichtetheit der Kontrollen leiden. Andererseits erfahren die gewonnenen Einzelerkenntnisse oftmals keine behördenübergreifende Bündelung, wodurch eine zielgerichtete Analyse der Erkenntnisse erschwert wird.

5.2.3. Bekämpfung der illegalen Beschäftigung

Erwerbstätigkeit, deren Illegalität in Kauf genommen wird, ist Anreizfaktor für Migranten, unerlaubt nach Europa zu kommen. Weiterhin müssen auch aus anderen Motiven eingereiste irreguläre Migranten ihren Unterhalt auf diesem Wege verdienen. Zusätzlich bestehen Anreize für Arbeitgeber zur Beschäftigung irregulärer Migranten. Neben der Möglichkeit zur Zahlung von Niedriglöhnen sind dies regelmäßig die Willfährigkeit der Migranten, deren fehlende politische Betätigungsmöglichkeiten sowie ein faktisch nicht vorhandener Rechtswegzugang. Die Bekämpfung illegaler Beschäftigung ist daher ein wesentlicher Bestandteil der Strategie zur Bekämpfung irregulärer Migration. „Durch eine deutliche Erhöhung der Kontrolldichte sollen [...] die Bereitschaft der Unternehmen zur Anstellung Illegaler gesenkt und damit die Anreize für eine illegale Einreise minimiert werden."[239]

---

237 eine Ausnahme bilden sog. labebildabhängige Befragung gem. § 22 Abs. Ia des BPOLG

238 Vgl. hierzu Baumbach, Jörg; Pfau, Markus (2011, S. 778/779)

239 Vogel, Dita; Cyrus, Norbert (2008, S. 5)

Als wesentliche Maßnahme wurde daher im Jahre 2004 die Finanzkontrolle Schwarzarbeit (FKS) eingerichtet.[240] Die Kontrollschwerpunkte der FKS liegen auf Baustellen und gastronomischen Betrieben. In privaten Haushalten erfolgen hingegen kaum Kontrollen durch die FKS. Ihr Fokus ist die Arbeitgebersanktion, um deren Motivation zur illegalen Beschäftigung zu reduzieren. Neben den Kontrollen der FKS sind der Datenaustausch und die Kooperationsverpflichtungen zentrale Bestandteile des Systems zur Verhinderung illegaler Beschäftigung.[241]

Die Wirksamkeit der Kontrollpraxis ist wissenschaftlich umstritten. Vermeintliche Ineffizienzen werden hierbei oft damit erklärt, dass der Staat ein ökonomisches Interesse an der illegalen Beschäftigung von Migranten habe. Daher würden nur eine symbolische Kontrollpolitik betrieben und allenfalls minimale Anstrengungen zur wirksamen Bekämpfung des Phänomens unternommen.[242] Diese Sichtweise lässt sich jedoch nicht belegen. Auch sind Aussagen zur Wirtschaftlichkeit und Effektivität der Bekämpfungsmaßnahmen kaum möglich, da bisher weder auf europäischer noch auf nationaler Ebene systematische Evaluierungen stattgefunden haben.[243] Festzustellen ist jedoch, dass die Maßnahmen zur Bekämpfung der illegalen Beschäftigung einer hinreichenden Vernetzung mit den Maßnahmen zur Bekämpfung irregulärer Migration bedürfen.

5.2.4. Nicht-polizeiliche Maßnahmen

Neben den grob umrissenen polizeilichen und arbeitsmarktbezogenen Bekämpfungskonzepten werden im Rahmen der international konsentierten ‚Ganzheitlichkeit' auch durch Deutschland eine Vielzahl nicht-polizeilicher Maßnahmen zur Bekämpfung irregulärer Migration und Schleusungskriminalität umgesetzt. Während Polizei primär bei den ‚Pull-Faktoren' irregulärer Migration ansetzt, ist die Bekämpfung der ‚Push-Faktoren' Sache einer flankierenden Außen- und Entwicklungspo-

240 ausführliche Darstellungen zur FKS unter Ziffer 5.3.3

241 Vgl. Sinn, Annette; Kreienbrink, Axel; Loeffelholz, Hans Dietrich von; Wolf, Michael (2006, S. 82)

242 Vgl. Westermann, Sophie (2009, S. 120)

243 Vgl. Vogel, Dita; Cyrus, Norbert (2008, S. 7)

litik.[244] Im Rahmen einer Herkunftslandperspektive erfolgt dies primär durch Maßnahmen der Wirtschaftshilfe, der Förderung von Demokratie und Menschenrechten, der Investition in den Bildungssektor sowie durch Rückkehrerförderungsprogramme. Eine Einbeziehung von ‚Non-Government-Organisations (NGO)' ist hierbei erforderlich.[245] Anders als in südeuropäischen Ländern erfolgten in Deutschland bisher keine Legalisierungsprogramme, deren Wirkung und Folgen insgesamt umstritten sind.

Die o.g. einzelnen nicht-polizeilichen Maßnahmen werden im Rahmen dieser Arbeit nicht näher behandelt und hinsichtlich ihrer Wirkung bewertet. Festzuhalten ist, dass die Bekämpfung irregulärer Migration allein auf Basis polizeilicher Maßnahmen nicht gelingen kann. Diese müssen sich vielmehr sinnvoll in eine gesamtgesellschaftliche Strategie einbetten.

5.3. Strategische Ausrichtung der relevanten Sicherheitsbehörden

Nachdem die internationalen und nationalen Bekämpfungsstrategien umrissen wurden, richtet sich der Fokus nunmehr auf die im Rahmen dieser Strategien agierenden Sicherheitsbehörden und deren phänomenbezogene Ausrichtung. Im Sinne der Forschungszielrichtung dieser Arbeit bleibt der Blick dabei grundsätzlich auf die Polizeibehörden des Bundes beschränkt. Zusätzlich wird aus inhaltlichen Gründen auch die Finanzkontrolle Schwarzarbeit einbezogen. Die Polizeien der Länder werden lediglich in einem kurzen Exkurs fokussiert.

5.3.1. Bundespolizei

Auf polizeilicher Seite ist die Bundespolizei in Deutschland der Hauptakteur bei der Bekämpfung irregulärer Migration und Schleusungskriminalität. Auf Basis des § 2 Bundespolizeigesetz (BPolG) besitzt sie hierfür als Grenzpolizei eine umfassende präventive Aufgabenzuweisung.

---

[244] Vgl. Seeger, Matthias (2011, S. 151)

[245] Vgl. Westermann, Sophie (2009, S. 156ff.)

Diese wird durch den § 12 BPolG um eine weitgehende repressive Zuständigkeit ergänzt.[246] Mit dem Anstieg der irregulären Migration nach Deutschland und der damit wachsenden Bedeutung der Schleusungskriminalität erfolgten seitens des Bundes in den vergangenen zwanzig Jahren hohe Investitionen in Personal und Ausstattung der Bundespolizei[247]. In mehreren Reformschritten hat sich die Behörde seit den 1990er Jahren den sich ständig wandelnden Rahmenbedingungen der grenzpolizeilichen Aufgabenwahrnehmung angepasst.[248] Diese veränderten sich zuletzt mit dem Wegfall der stationären und systematischen Grenzkontrollen an den Grenzen zu Polen, der Tschechischen Republik, der Schweiz und Dänemark grundlegend. Danach hat die Bundespolizei ihre grenzpolizeiliche Aufgabenwahrnehmung auch entlang dieser Landgrenzen auf eine ausschließlich mobile und lageabhängige Überwachung des grenznahen Raums umgestellt. Sie setzt im Rahmen des sog ‚Integrated-Border-Management (IBM)' darauf, durch Vorverlagerung möglichst viele Gefahren schon vor Erreichen des Hoheitsgebietes zu erkennen und abzuwehren, einen möglichst effektiven Grenzfilter zu errichten und anschließend den Verfolgungsdruck und die Entdeckungswahrscheinlichkeit im Inland durch abgestimmte und vernetze Maßnahmen möglichst hoch zu halten. Darüber hinaus hat die Bundesregierung diesen veränderten Anforderungen mit der Neuorganisation der Bundespolizei zum 01.03.2008 Rechnung getragen.[249]

Zur Bekämpfung der irregulären Migration und Schleusungskriminalität verfolgt die Bundespolizei einen ganzheitlichen strategischen Ansatz, der sich sowohl aufbau- als auch ablauforganisatorisch widerspiegelt. Integraler Bestandteil dieser Strategie ist die enge organisatorische und

---

[246] Die Bundespolizei nimmt nach § 12 Abs. I S. 1 Nr. 1 - 3 BPolG Strafverfolgungsaufgaben wahr, wenn der Verdacht eines Vergehens besteht, das gegen die Sicherheit der Grenze oder die Durchführung der Grenzschutzaufgaben gerichtet ist oder nach den Vorschriften des Passgesetzes, des Aufenthaltsgesetzes oder des Asylverfahrensgesetzes zu verfolgen ist, soweit die Straftat durch den Grenzübertritt oder in unmittelbarem Zusammenhang mit diesem begangen wurde. Für die Verfolgung von Verbrechen ist die Bundespolizei nur in Fällen des § 97 Abs. I und II AufenthG und des § 84a Abs. I AsylVfG zuständig.

[247] bis zum 31.05.2005 Bundesgrenzschutz

[248] hierzu ausführlich Baumbach, Jörg; Pfau, Markus (2011, S. 772-773)

[249] Vgl. Bundesministerium des Innern (2009, S. 8)

informationelle Verzahnung von Gefahrenabwehr, Fahndung und Kriminalitätsbekämpfung. Über ihre Gefahrenabwehr- und Fahndungspräsenz in den Einsatzräumen Binnengrenze, Bahninfrastruktur, Flughäfen sowie auf See ist die Bundespolizei in der Lage, grenzüberschreitende Kriminalität am zentralen Punkt der Bewegung in ebendiesen Einsatzräumen zu erkennen und so direkt repressive Folgemaßnahmen in eigener Zuständigkeit zu initiieren. Die dabei erlangten Erkenntnisse fließen unmittelbar in Ermittlungsverfahren einerseits und in die präventive Maßnahmenplanung anderseits ein. Gefahrenabwehr, Fahndung und Kriminalitätsbekämpfung bilden so einen Maßnahmen- und Erkenntniskreislauf (Abb. 5). Der Präsident des Bundespolizeipräsidiums hat diesen ganzheitlichen Ansatz im Rahmen des Europäischen Polizeikongresses 2011 am praktischen Fallbeispiel der ‚Besonderen Aufbauorganisation Chorasan' zum Einschleusen afghanischer Staatsangehöriger sehr nachvollziehbar dargestellt.[250]

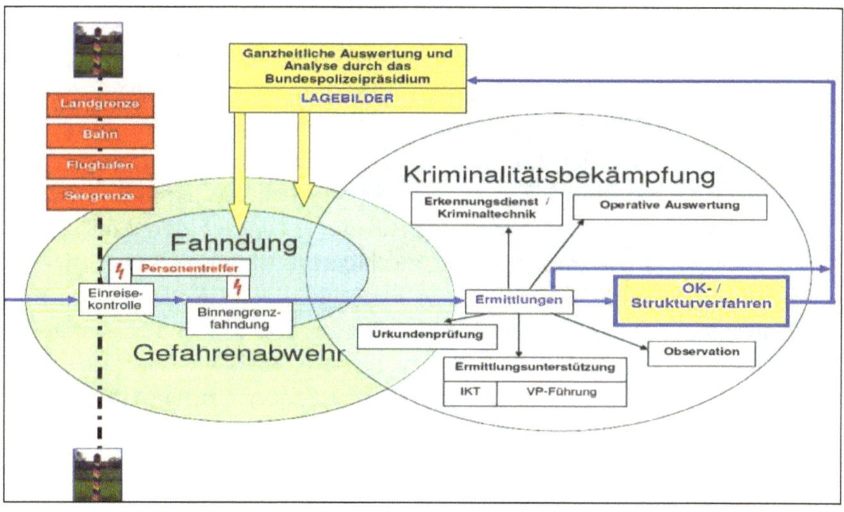

Abb. 5: Ganzheitlicher strategischer Ansatz der Bundespolizei[251]

---

[250] Vgl. Seeger, Matthias (2011, S. 152-153)

[251] Abbildung entnommen aus Baumbach, Jörg; Pfau, Markus (2011, S. 774)

Eine weitere elementare Komponente des ganzheitlichen Ansatzes der Bundespolizei ist die Vorverlagerungsstrategie.[252] Diese geht davon aus, „dass ein polizeiliches Tätigwerden erst unmittelbar an der Schengen-Außengrenze zu spät ansetzt. Vielmehr müssen irreguläre Migration bereits im Herkunftsland unterbunden und OK-Strukturen frühzeitig erkannt und aufgedeckt werden."[253] Die Bundespolizei entsendet dazu ‚Grenzpolizeiliche Verbindungsbeamte (GVB)' sowie ‚Dokumenten- und Visumberater (DVB)' in relevante Herkunfts- und Transitländer irregulärer Migration. Die Rolle der GVB beinhaltet im Wesentlichen den Austausch migrationsrelevanter Informationen auf ministerieller und oberbehördlicher Ebene sowie die Beobachtung phänomenbezogener Entwicklungen in den Einsatzländern. Die erlangten Informationen fließen so in Auswertungen, Analysen und Maßnahmenplanungen der Bundespolizei ein. Vom Verbindungsbeamten des Bundeskriminalamtes unterscheidet sich der GVB durch eine rein präventive, auf den Phänomenbereich der irregulären Migration spezialisierte Zusammenarbeit mit den Fachbehörden des Gastlandes. DVB werden an relevanten Flughäfen und deutschen Visastellen mit der Maßgabe der Erkennung von Urkundenkriminalität und ‚Legendierten Schleusungen' eingesetzt. Insbesondere der Einsatz der DVB scheint hocheffektiv. So haben im Jahre 2010 insgesamt 31 DVB der Bundespolizei an der Unterbindung von fast 14.300 unerlaubten Einreisen mitgewirkt.[254] Auch die ‚Kommission zur Evaluierung der Bundessicherheitsbehörden bewertet den Einsatz der DVB positiv.[255] Im Rahmen der Vorverlagerungsstrategie spielt die Kooperation der Grenzbehörden eine wichtige Rolle. „Regelmäßige und intensive Kontakte sind eine Voraussetzung für die Reduzierung der irregulären Migration."[256] Neben dem Einsatz von GVB und DVB realisiert die Bundespolizei dies auch durch eine Federführung in den bereits unter 5.2.1 dargestellten ‚Gemeinsamen Zentren'.

---

252 ausführliche Beschreibung der Vorverlagerungsstrategie bei Niechziol, Frank (2007, S. 124ff.)

253 Vgl. Seeger, Matthias (2011, S. 153)

254 Vgl. Seeger, Matthias (2011, S. 153)

255 Vgl. Kommission „Evaluierung Sicherheitsbehörden" (2010, S. 97)

256 Angenendt, Steffen (2007, S. 27)

Die Bundespolizei arbeitet zudem eng mit der europäischen Grenzschutzagentur FRONTEX zusammen. Sie beteiligt sich dabei einerseits anlassbezogen durch Entsendung von Fachpersonal in die verschiedenen Einsätze an den Außengrenzen und andererseits durch die längerfristige Abordnung von nationalen Experten in die Agentur nach Warschau. Überdies wirkt die Bundespolizei in unterschiedlichen Projekt- und Arbeitsgruppen mit, exemplarisch bei der Erstellung von Risiko- und Phänomenanalysen. Bei FRONTEX vorliegende Erkenntnissen zur irregulären Migration und Schleusungskriminalität, wie etwa modi operandi oder Reaktions- und Ausweichmaßnahmen von Schleusernetzwerken, fließen so einerseits in die Maßnahmenplanung von FRONTEX, anderseits aber auch unmittelbar und relativ schnittstellenfrei in die Binnenfahndungsmaßnahmen der Bundespolizei ein. Problematisch bleibt die Verwendung der bei FRONTEX vorliegenden Erkenntnisse für Maßnahmen der Strafverfolgung. Hierfür liegt die Datenhoheit nach wie vor bei den einzelnen Staaten, wodurch die Bestreitung eines gesonderten Rechtshilfeweges meist unumgänglich ist.

Wie bereits angedeutet ist die Binnenfahndung ein zentrales Kernelement des ganzheitlichen Ansatzes der Bundespolizei. Als Kompensationsmaßnahme nach dem Wegfall der systematischen Grenzkontrollen an den Landgrenzen ist die Fahndung heute eine ihrer wichtigsten Aufgaben. Aufgrund der zunehmenden Bedeutung der Binnengrenzen für die irreguläre Migration sind dort lagebildanhängige Kontrollen trotz einheitlicher Kontrollstandards an den Außengrenzen notwendig.[257] Diese Kontrollen beschränken sich zunächst auf einen Fahndungskorridor von 30 bzw. 50km entlang der deutschen Grenzlinie. Hinzu kommt, dass die Bundespolizei durch ihre sonstigen Aufgaben auch im Inland in wesentlichen Fahndungsräumen der Verkehrsinfrastruktur auf Bahnhöfen und Flughäfen präsent ist und dort im Rahmen enger rechtlicher Voraussetzungen auch nach Geschleusten und irregulären Migranten fahndet.

Zur Optimierung dieser Maßnahmen setzt die Bundespolizei seit dem Jahr 2009 den sog. ‚Aktionsplan Fahndung' um. „[Darin] werden die neuen Herausforderungen, die angestrebten Ziele und die erforderlichen Maßnahmen beschrieben, um die Fahndung als wesentliches Profil der

---

257 Vgl. Kass, Rüdiger (2006, S. 13)

Bundespolizei zu stärken."[258] Zu diesen Maßnahmen zählen insbesondere die Definition von Fahndungsschwerpunkten, die Durchführung von konzertierten Fahndungsaktionen, die Steigerung der Fahndungskompetenzen sowie der Urkundenexpertise durch Fortbildung der Mitarbeiter und der Einsatz moderner Urkundenprüftechnik. Insgesamt ist die Bundespolizei mit ihren Fahndungsmaßnahmen erfolgreich,[259] wofür seit dem Jahr 2009 steigende Feststellungszahlen sprechen.[260] Während der Anteil der Polizeien der Länder an allen Feststellungen irregulärer Migration von 16,5% im Jahr 2005 auf 2,3% im Jahr 2009 zurückging, stieg der Anteil der Bundespolizei von 82,4% auf 97,1%.[261]

Die bei diesen Feststellungen gewonnenen Erkenntnisse bilden die Grundlage für die Analyse von Schleuserstrukturen und Entwicklungstendenzen im Bereich irregulärer Migration. Optimierungsbedarf bei den Fahndungsmaßnahmen der Bundespolizei zeigt sich neben der bereits unter 5.2.1 beschriebenen Vernetzung mit Erkenntnissen anderer Kontrollbehörden sowie der Entgrenzung des 30 bzw. 50km-Bereiches insbesondere im Hinblick auf die Kontrollbefugnisse im Inland. Diese lassen verdachtsunabhängige Kontrollen auf Flughäfen und Bahnhöfen sowie in Zügen nur unter engen rechtlichen Voraussetzungen und auf Hauptverkehrsstraßen gar nicht zu.[262] Im Sinne einer wirkungsvollen, aktuellen Herausforderungen entsprechenden Fahndungsarbeit scheint hier gesetzlicher Nachregelungsbedarf gegeben. Die Alternative wären verstärkte Aktivitäten der Polizeien der Länder in der phänomenbezogenen Fahndung. Dies ist jedoch sowohl aus Ressourcen- als auch aus Priorisierungsgesichtspunkten heraus kaum möglich. Außerdem wären derartige Maßnahmen in Ermangelung einer der Bundespolizei vergleichbaren Spezialisierung auch in qualitativer Hinsicht wohl weit weniger erfolgversprechend.

258 Rupp, Michael (2010, S. 9)

259 Vgl. hierzu u.a. Bundesministerium des Innern (2009, S. 13)

260 siehe hierzu auch PES der Bundespolizei unter Ziffer 3.3.3

261 Vgl. Kommission „Evaluierung Sicherheitsbehörden" (2010, S. 61, Fußnote 43)

262 Vgl. Blümel, Karl-Heinz; Drewes, Michael; Malmberg, Karl M.; Walter, Bernd (2006, S. 339ff.)

„Für eine wirkungsvolle und ganzheitliche Bekämpfung der Schleusungskriminalität ist eine behördenübergreifende Informationsbündelung, -auswertung und -steuerung als ständiger Prozess unabdingbar."[263] Besondere Bedeutung im ganzheitlichen Ansatz der Bundespolizei kommt besitzt daher die Auswertung.[264] In der Verzahnung von Gefahrenabwehr, Fahndung und Ermittlung kommt der umfassenden Analyse verfügbarer und relevanter Informationen eine gewisse Klammerfunktion zu. Die Bundespolizei nimmt die Auswertung einerseits operativ, auf allen Behördenebenen, gekoppelt an eine Ermittlungskoordination war. So sollen Tat- und Täterzusammenhänge erkannt und Doppelermittlungen vermieden werden. Verbunddateien spielen hierbei eine wichtige Rolle.[265] Andererseits liegt ein Schwerpunkt auf der strategischen Auswertung zur Beobachtung phänomenbezogener Entwicklungstendenzen. Hierzu obliegt der Bundespolizei auch die Federführung im ‚Gemeinsamen Analyse- und Strategiezentrum illegale Migration (GASIM)'. Das 2006 eingerichtete GASIM soll vorliegende Informationen im Phänomenbereich der irregulären Migration zusammenführen und verdichten, behördenübergreifende Zusammenarbeit intensivieren, eine gegenseitige Unterstützung in operativen und strategischen Fragen ermöglichen sowie strategische Positionen im internationalen Kontext abstimmen.[266] Gleichwohl eine belastbare Einschätzung der Effizienz und Wirksamkeit des GASIM in Ermangelung entsprechender Evaluierungen nicht vorgenommen werden kann[267], scheint dessen Einrichtung einen richtigen und wichtigen Schritt zur im Rahmen der als erforderlich identifizierten Behördenkooperation auf nationaler und internationaler Ebene darzustellen.

Zum Zwecke der Strafverfolgung verfügt die Bundespolizei mit den Bundespolizeiinspektionen Kriminalitätsbekämpfung (BPOLI KB) über auf die Bekämpfung schwerer und organisierter Schleusungskriminalität

263 Bundesministerium des Innern; Bundesministerium der Justiz (Hg.) (2006, S. 471)

264 Vgl. hierzu auch Einemann, Jörg (2002,S. 40)

265 INPOL-Fall als Bund-Länder-Verbunddatei; ERA/bCase als bundespolizeiliche Verbunddatei

266 Vgl. Deutscher Bundestag (2011, S. 1)

267 kritisch hierzu Kommission „Evaluierung der Sicherheitsbehörden" (2010, S. 127)

spezialisierte Ermittlungsdienststellen. Diese kriminalpolizeilich organisierten Dienststellen werden durch regionale Ermittlungsdienste, die Fälle der leichten und mittleren Kriminalität bearbeiten, ergänzt. Beide Komponenten sind eng miteinander vernetzt, sodass in den regionalen Ermittlungsdiensten erkannte Tat- und Täterzusammenhänge sowie sonstige relevante Erkenntnislagen schnittstellenfrei an die BPOLI KB weitergegeben werden können. So wachsen Einzelerkenntnisse aus Verfahren der einfachen und mittleren Kriminalität bei Zusammenführung vergleichbarer oder zusammenhängender Einzelsachverhalte zu Fallkomplexen der schweren und organisierten Kriminalität an, in denen organisierte Täterstrukturen erkennbar werden. Die Kontinuität in der Bearbeitung des Sachverhaltes und die fallbezogenen Detailkenntnisse werden bei fortgeführter Fallbearbeitung dadurch sichergestellt, dass der Verfahrensführer auch bei Übergabe des Ermittlungsvorgangs an eine BPOLI KB dieser temporär zugewiesen wird und am Verfahren weiter mitarbeitet. Die Erkenntnisse aus den Verfahren der BPOLI KB fließen ebenso schnittstellenfrei an die Flächendienststellen, sodass Fahndungs- und Zugriffsmaßnahmen flexibel und zielgerichtet geplant werden können. Die BPOLI KB sind logistisch und organisatorisch für die Anwendung der gängigen kriminalpolizeilicher Ermittlungsmaßnahmen technischer und personeller Art ausgestattet.[268]

Für eine komplexere technische Unterstützung dieser Maßnahmen verfügt die Bundespolizei mit dem Referat 55 des Bundespolizeipräsidiums[269] über einen zentralen Dienstleister. Welche Rolle im Rahmen dieser technischen Ermittlungsunterstützung die Nutzung und Auswertung des Internets spielt, ist aus der verfügbaren Literatur nicht ersichtlich. Jedenfalls scheint auf diesem Feld kein Schwerpunkt gesetzt zu sein. Ebenso in zentraler Dienstleistung erfolgt die Gewinnung und Führung von Vertrauenspersonen.

Im Bereich der Strafverfolgung wird eine Behördenkooperation insbesondere durch die Einrichtung ‚Gemeinsamer Ermittlungsgruppen Schleuser (GEG/ GES)' mit den Polizeien der Länder ausgefüllt. Dies

268 zu Historie u. Aufbau der BPOLI KB ausführlich Baumbach, Jörg; Pfau, Markus (2011, S. 772-773)

269 bis zum 28.02.2008 Zentralstelle für Informations- und Kommunikationstechnik (ZSIuK)

erfolgt sowohl temporär als auch dauerhaft bei Überschneidungen der bundespolizeilichen Schleusungsverfahren mit anderen Phänomenbereichen in allgemeinpolizeilicher Zuständigkeit. Zwar haben sich die GEG/GES wohl als Kooperationsformen bewährt. „Das Dilemma der GES liegt allerdings auf der Hand: Werden sie nur für einen konkreten Ermittlungsanlass zusammengestellt, haben sie keine Möglichkeit, diese Behördenzusammenarbeit zu etablieren. Werden sie aber dauerhaft eingerichtet, müssen sie auch ständig „Futter" haben, um keine Legitimationsprobleme aufzuwerfen. Zusätzlich muss immer geklärt werden, welche Behörde bei einer solchen Ermittlungsgruppe die Leitung innehat."[270]

Resümierend ist festzustellen, dass es sich bei der Bundespolizei um eine auf die Bekämpfung der irregulären Migration und organisierten Schleusungskriminalität spezialisierte Polizeibehörde des Bundes handelt. Ihre dahingehende gesetzliche Zuständigkeit füllt sie mit einem integrativen und ganzheitlichen strategischen Ansatz aus, der auch die übrigen Aufgabenfelder der Bundespolizei sinnlogisch einbindet. „[Sie] vereinigt Kompetenzen in den Bereichen Prävention und Repression, sowie moderne Polizeitechnik und internationale Zusammenarbeit und Kooperationen unter einem Dach."[271] Dies verschafft ihr eine bundesweit einmalige phänomenbezogene Expertise. Spezialisierte kriminalpolizeiliche Komponenten bilden die Grundlage für eine erfolgreiche Bekämpfung von Schleusungsverfahren im Bereich der schweren und Organisierten Kriminalität. Sowohl national als auch im internationalen Kontext erscheint die Bundespolizei durch spezialisierte, ineinander greifende Zusammenarbeitsformen vernetzt. Im nationalen Kontext ist allerdings anzumerken, dass diese Vernetzung oftmals lediglich die Bemühung darstellt, die bereits angesprochenen Kompetenzfragmentierungen zu kompensieren. Solche Fragmentierungen erscheinen für die Bundespolizei neben der bereits beschriebenen räumlichen Beschränkung der Binnenfahndung insbesondere im Bereich der Strafverfolgung nachteilig. So ist die Bundespolizei hier durch den § 12 BPolG auf die Verfolgung von Fällen, die in unmittelbaren Zusammenhang zum Grenzübertritt stehen,

270 Heckmann, Friedrich (2004, S. 69)

271 Seeger, Matthias (2011, S. 152)

beschränkt.[272] Zwar beinhaltet dies eine relativ umfassende Zuständigkeit für Tatbestände des Einschleusens von Ausländern, da ein entsprechender Grenzbezug diesen Fällen immanent ist. Hiermit im Zusammenhang stehende Inlandsfeststellungen werden von der Strafverfolgungskompetenz der Bundespolizei jedoch nicht abgedeckt. [273] Teilweise von anderen Behörden getroffenen Feststellungen bleiben so dem beschriebenen Maßnahmen- und Erkenntniskreislauf der Bundespolizei verborgen. Die Kompensation dieser Lücken über bestehende nationale Kooperationsformen wie GEG/GES erscheint in Ermangelung operativer Breite dieser Kooperationsformen sowie aufgrund datenschutzrechtlicher Grenzen schwierig.

Ein weiterer potentieller Nachteil der strafverfolgungskompetenzrechtlichen Begrenzung und damit einhergehenden Spezialisierung der Bundespolizei liegt potentiell in einer nur eingeschränkten Fokussierung anderer, mit Schleusungskriminalität in Zusammenhang stehender Kriminalitätsfelder.[274] Die Bekämpfungsstrategie der Bundespolizei ist eindeutig phänomenorientiert ausgerichtet. Die für die wirksame Bekämpfung Organisierter Kriminalität empfohlene phänomenunabhängige Fokussierung der Strukturen und Logistik von OK-Gruppierungen nach dem sog. ‚Unternehmensansatz'[275] wird damit nicht ausgefüllt. Auch hierfür stellen die bestehenden Kooperationsformen wie GEG/GES lediglich Kompensationsversuche dar. Allerdings kollidiert der ‚Unternehmensansatz' grundsätzlich mit dem unter Ziffer 4.2 dargestellten Erfordernis eines auf die repressive Bekämpfung der Schleusungskriminalität spezialisierten polizeilichen Akteurs. In Gesamtabwägung erscheint der durch die Bundespolizei verfolgte Spezialisierungsansatz in Bezug auf die Schleusungskriminalität erfolgversprechender, da das Phänomen auf diese Weise zielgerichteter und unter Einbeziehung einer breiten Erkenntnislage aus grenzpolizeilichen Gefahrenabwehraufgaben bekämpft wird. Eine Fokussierung der Strukturen und Logistik von Schleuser-

---

272 Vgl. Kommission „Evaluierung Sicherheitsbehörden"(2010, S. 53)

273 insbesondere: Inlandsfälle der Erschleichens von Aufenthaltstiteln, Feststellungen des unerlaubten Aufenthalts ohne sofort erkennbaren unmittelbaren Zusammenhang zum Grenzübertritt

274 siehe hierzu Ziffer 3.9.1

275 Vgl. hierzu Bundesministerium des Innern; Bundesministerium der Justiz (Hg.) (2006, S. 483)

netzwerken schließt dieser Ansatz überdies nicht aus. Eine Berücksichtigung verwandter Kriminalitätsfelder wird anlassbezogen im Wege der Kooperation mit den zuständigen Behörden gewährleistet.

5.3.2. Bundeskriminalamt

Das Bundeskriminalamt ist eine auf Basis der Artikel 73 Abs. I Nr. 10 und 87 Abs. 1 des Grundgesetzes zur Kooperation von Bund und Ländern in kriminalpolizeilichen Angelegenheiten eingerichtete Bundesoberbehörde ohne Mittel- und Unterbehördenebenen. Seine Aufgaben umfassen im Wesentlichen zwei Kernbereiche. Einerseits ist das Bundeskriminalamt Zentralstelle für die Zusammenarbeit in kriminalpolizeilichen Angelegenheiten auf nationaler und internationaler Ebene, andererseits aber auch Ermittlungsbehörde in bestimmten Fällen nationaler oder internationaler Kriminalität.

Als Zentralstelle unterstützt das Bundeskriminalamt die Polizeien des Bundes und der Länder auf Basis des § 2 Bundeskriminalamtsgesetz (BKAG) beim polizeilichen Auskunfts- und Nachrichtenwesen sowie bei der Verhütung und Verfolgung von Straftaten mit länderübergreifender, internationaler oder sonst erheblicher Bedeutung. Eigene Exekutivbefugnisse des Bundeskriminalamtes sind mit der Zentralstellenaufgabe nicht verbunden, die Behörde agiert als Dienstleister.

Die Ermittlungskompetenzen des Bundeskriminalamtes ergeben sich aus § 4 BKAG. Eine originäre Strafverfolgungszuständigkeit besteht danach nur für Fälle des international organisierten illegalen Handels mit Rauschgift, Waffen, Munition, Sprengstoffen oder Arzneimitteln, der international organisierten Herstellung und Verbreitung von Falschgeld sowie bei den jeweils hiermit in Zusammenhang stehenden Taten, sofern eine Sachaufklärung im Ausland erforderlich ist. Daneben ist das Bundeskriminalamt in bestimmten Fällen des international organisierten Terrorismus sowie bei politisch motivierten Angriffen auf das Leben oder die persönliche Freiheit von Mitgliedern der Verfassungsorgane des Bundes für die Strafverfolgung originär zuständig. Darüber hinaus definiert der § 4 Abs. 2 BKAG eine Auftragszuständigkeit für Fälle in denen eine Landesbehörde um Übernahme ersucht, der Bundesminister des Innern dies aus schwerwiegenden Gründen anordnet und wenn der

Generalbundesanwalt um Übernahme ersucht. Alle übrigen Fälle obliegen der Zuständigkeit der Polizeien der Länder bzw. bei spezialgesetzlicher Zuweisung der Bundespolizei oder den Zollbehörden. Mit dem Art. 4a BKAG erhielt das Bundeskriminalamt eine Gefahrenabwehrzuständigkeit für Fälle des internationalen Terrorismus. Weitergehende Gefahrenabwehrzuständigkeiten bestehen nicht.

In Bezug auf die Bekämpfung der irregulären Migration und Schleusungskriminalität ist im Ergebnis festzustellen, dass das Bundeskriminalamt für diese Felder weder eine Gefahrenabwehrkompetenz noch eine originäre Strafverfolgungszuständigkeit besitzt. Die Führung von Verfahren im Bereich der Schleusungskriminalität ist demnach allenfalls im Rahmen der beschriebenen Auftragszuständigkeiten denkbar. Gleiches gilt für Verfahren im Phänomenbereich Menschenhandel. Zuständigkeitsrechtlich beschränken sich die Schnittmengen des Bundeskriminalamtes zur Schleusungskriminalität daher im Wesentlichen auf die Zentralstellenaufgabe des Nachrichten- und Informationsaustausches.

Betrachtet man die Abteilung ‚Schwere und Organisierte Kriminalität' (SO) des Bundeskriminalamtes, so stellt man zunächst fest, dass diese deliktorientiert aufgebaut ist. Daraus lässt sich eine primär phänomenbezogene Strategie zur Bekämpfung Organisierter Kriminalität ableiten. Täterstruktur- bzw. Unternehmensansätze kommen lediglich in Form anlassbezogener Querschnittsarbeits- und -projektgruppen zum Ausdruck. In der Abteilung SO ist mit dem Referat SO14 eine eigene Organisationseinheit ausschließlich mit der Auswertung im Bereich der Schleusungskriminalität befasst. Dies wird ergänzt durch zwei Ermittlungsreferate (SO15 und SO16), die in der Vergangenheit auch Verfahren in diesem Phänomenbereich führten. Noch im Jahr 2006 definierte das Bundeskriminalamt einen Auswertungs- und Ermittlungsschwerpunkt der Abteilung SO in der Schleusungskriminalität.[276] Überdies oblag der Behörde zu diesem Zeitpunkt die Federführung in der Vorgängerinstitution des GASIM, dem ‚Gemeinsame Analyse- und Strategiezentrum Schleusungskriminalität (GASS)'. Auch stellten erkannte Schleusungsrouten und -hubs ein Kriterium bei der Wahl von Einsatzorten der BKA-

276 Vgl. Bundesministerium des Innern; Bundesministerium der Justiz (Hg.) (2006, S. 451)

Verbindungsbeamten dar.[277] Der Hauptgrund für diese Schwerpunktsetzung lag darin, dass die Schleusungskriminalität ein dominierendes Handlungsfeld der Organisierten Kriminalität darstellt.[278] Überdies ergaben sich regelmäßig Schnittmengen zum Menschenhandel.[279]

Mittlerweile kann jedoch nicht mehr von einer Schwerpunktsetzung im Bereich der Schleusungskriminalität ausgegangen werden. Die Aktivitäten beschränken sich im Wesentlichen auf Formen der strategischen Auswertung durch SO14. Phänomenbezogene Ermittlungsaktivitäten sind hingegen kaum zu verzeichnen. So lag der Anteil ausländerrechtlicher Ermittlungsverfahren an den insgesamt durch das Bundeskriminalamt geführten Verfahren im Jahr 2009 bei nur 1,2%.[280] Auch der Übergang der Federführung im GASIM auf die Bundespolizei und der damit einhergehende personelle Rückzug des Bundeskriminalamtes bestätigen diesen Trend. Die Behörde ist aktuell lediglich noch mit zwei Verbindungsbeamten am GASIM beteiligt.[281]

Insgesamt lassen sich weder eine strategische Fokussierung noch besondere Kompetenzen des Bundeskriminalamtes im Bereich der Schleusungskriminalität erkennen. Dies spiegelt die fehlende originäre Strafverfolgungskompetenz einerseits und das Vorhandensein der Bundespolizei als auf Bundesebene in Bezug auf die irreguläre Migration spezialisierte Strafverfolgungsbehörde wider. Sachkunde, Erfahrung und dienstliche Kontakte des Bundeskriminalamtes als Spezialdienststelle sind auf dessen originäre Aufgabenzuweisungen ausgerichtet. Diese Prioritätensetzung erscheint sowohl bei fachlicher als auch fiskalischer Betrachtung sinnvoll. Über die Zentralstellenfunktion hinausgehende Aktivitäten des Bundeskriminalamtes im Bereich der Schleusungskriminalität erscheinen angesichts der auf Bundesebene in diesem Phänomen sowohl im Bereich der Gefahrenabwehr als auch kriminalpolizeilich spezialisierten und in der Fläche durch eine dezentrale Dienststellenstruktur präsenten Bun-

277 Vgl. Ziercke, Jörg (2006)

278 Vgl. Richtlinien für das Strafverfahren und das Bußgeldverfahren, Anlage E

279 hierzu näher unter Ziffer 3.9.1

280 Quelle: Vortrag der Abteilung SO des BKA im Rahmen der Masterstudienganges Öffentliche Verwaltung – Polizeimanagement der DHPol, Studienjahrgang 2011/2013 im Dezember 2011; Vortrag wurde nicht veröffentlicht.

281 Vgl. Deutscher Bundestag (2011, S. 3)

despolizei unzweckmäßig, existieren doch im originären Zuständigkeitsbereich des Bundeskriminalamtes umfangreiche Brennpunkte, die es mit verfügbaren Ressourcen zu bekämpfen gilt.[282] In diesem Kontext wäre es zudem folgerichtig, der Bundespolizei eine phänomenbezogene Zentralstellenfunktion für den Informations- und Erkenntnisaustausch (zumindest) auf nationaler Ebene, welche sie durch ihre Federführung im GASIM bereits teilweise ausfüllt, angedeihen zu lassen.

5.3.3. Finanzkontrolle Schwarzarbeit

Im Jahre 2004 wurde die Bekämpfung der illegalen Beschäftigung durch das ‚Gesetz zur Bekämpfung der Schwarzarbeit und damit zusammenhängender Steuerhinterziehung' grundlegend neu geregelt. Hierbei wurde bei der Bundeszollverwaltung die spezielle Einheit ‚Finanzkontrolle Schwarzarbeit (FKS)' etabliert, womit die Ablösung der bis dahin mit der Bekämpfung der illegalen Beschäftigung betrauten Arbeitsverwaltung erfolgte. Der bei der Zollverwaltung bereits vor 2004 bestehende Arbeitsbereich ‚Bekämpfung der Illegalen Beschäftigung' ging in die FKS auf. Aktuell verfügt die FKS über 6.850 Mitarbeiter, wobei 2012 noch 100 weitere Planstellen hinzukommen sollen. Davon sind (nur) 20% im Bereich der Kontrolle, 65% im Bereich Ermittlungen und 15% im Bereich der Ahndung eingesetzt.[283]

Potentielle Schnittmengen zur irregulären Migration und Schleusungskriminalität bestehen primär im Rahmen der Kontrollen durch die FKS. Schwerpunkte sind hierbei das Baugewerbe, Gastronomiebetriebe, das Wach- und Sicherheitsgewerbe sowie Betriebe der Abfallwirtschaft.[284] Dabei prüft die FKS u.a. das Vorliegen erforderlicher Arbeitsgenehmigungen ausländischer Arbeitnehmer sowie die Erfüllung bestehender Meldeverpflichtungen durch ebendiese. Damit liegt der Fokus nahezu ausschließlich auf illegaler Beschäftigung. Zwar werden Aufenthaltslegitimationen standardmäßig mitgeprüft, allerdings erfolgt dies nicht in Form von intensiven aufenthaltsrechtlichen ‚Tiefenprüfungen',

[282] exemplarisch: Bedrohung durch islamistischen und neonazistischen Extremismus, signifikanter Anstieg des sog. ‚Cybercrime', umfangreiche Formen der Wirtschaftskriminalität

[283] Vgl. Kommission „Evaluierung Sicherheitsbehörden" (2010, S. 106)

[284] Vgl. Kommission „Evaluierung Sicherheitsbehörden" (2010, S. 107)

bei denen Personen und mitgeführte Papiere gezielt hinsichtlich etwaiger Unplausibilitäten überprüft werden. Die Angehörigen der FKS haben nahezu identische Rechte und Pflichten wie Beamte des Polizeivollzugsdienstes. Sie sind Ermittlungspersonen der Staatsanwaltschaft, in Bezug auf Eigensicherung und Kontrolltaktik polizeilich ausgebildet und mit polizeilichen Einsatzmitteln ausgestattet. Daher muss die FKS für weitergehende Prüfmaßnahmen andere Polizeibehörden grundsätzlich nicht hinzuziehen.

Dies lässt auf eine potentiell weite Grauzone gerade im Bereich ge- und verfälschter Dokumente schließen. Schleusungshintergründe werden kaum erkannt. Lediglich 0,3% der im Jahre 2009 durch die FKS eingeleiteten Ermittlungsverfahren hatten Tatbestände des Einschleusens von Ausländern zum Gegenstand, nur 32 Verfahren im Bereich der irregulären Migration sowie 160 ergänzende Hinweise und Erkenntnisse wurden an die Bundespolizei abgegeben. Schon diese offensichtlich geringe Quantität lässt im Hinblick auf die Fokussierung irregulärer Migration bei der Bekämpfung illegaler Beschäftigung konzeptionellen Handlungsbedarf erkennen. Darüber hinaus erscheint es unerlässlich, die durch die FKS im Rahmen der Kontrollen zur Bekämpfung der Schwarzarbeit erlangten Informationen zusammenzuführen und für eine qualifizierte Auswertung und Analyse auch im Hinblick auf die irreguläre Migration zu nutzen.[285] Auch müssen Erkenntnisse aus der Bekämpfung der Schleusungskriminalität in die Ausrichtung der Kontrollmaßnahmen der FKS einfließen.

Im Ergebnis ist eine ganzheitliche Betrachtung des umfassenden Kriminalitätsphänomens illegale Beschäftigung, irreguläre Migration und Schleuserkriminalität insbesondere an kriminogenen Brennpunkten der sog. Schwarzarbeit erforderlich.[286] Oftmals sind genau diese Brennpunkte die einzige Option, irreguläre Migranten ‚aus der Illegalität zu holen'.

Eine solche Herangehensweise erfordert ein intensiveres Zusammenwirken der FKS und der im Bereich irregulärer Migration spezialisierten Bundespolizei. Die Spanne der Möglichkeiten einer derartigen Intensivierung reicht von der Eingliederung der FKS in die Bundespolizei bis

285 Vgl. Hiller, Klaus (2006, S. 7)

286 Vgl. Kommission „Evaluierung Sicherheitsbehörden" (2010, S. 110)

zur stärkeren operativen Kooperation beider Institutionen. Da diese Optionen explizit durch die ‚Kommission zur Evaluierung der Bundessicherheitsbehörden' behandelt wurden, erfolgt eine nähere Diskussion hierzu unter Ziffer 5.4.3.

5.3.4. Exkurs: Polizeien der Länder

Bei einer Bewertung der kriminalstrategischen Ausrichtung zur Bekämpfung der Schleusungskriminalität auf Bundesebene muss aufgrund bestehender Wechselwirkungen auch die phänomenorientierte Ausrichtung der Polizeien der Länder Berücksichtigung finden. So erscheinen in Bezug auf die Schleusungskriminalität „wegen der [deliktübergreifenden] kriminellen Aktivitäten der organisierten Netzwerke sowie der Begleit- und Folgekriminalität immer auch die Polizeien im Landesinnern gefordert."[287] Mit Blick auf diese zeichnet sich ein sehr heterogenes Bild. „In den einzelnen Landeskriminalämtern und erst recht auf der untergeordneten Ebene der Polizeipräsidien ist der Stellenwert der Schleuserkriminalität entsprechend der jeweiligen Schwerpunktbildung durchaus unterschiedlich. […] So ist es kaum verwunderlich, dass die Fachkenntnisse in diesem Bereich sehr unterschiedlich verteilt sind."[288]

Klarzustellen ist zunächst, dass die Polizeien der Länder grundsätzlich keine originäre Strafverfolgungskompetenz für Tatbestände des Einschleusens von Ausländern besitzen. Diese Zuständigkeit hat der Gesetzgeber im § 12 BPolG der Bundespolizei übertragen. Der hierin vorausgesetzte ‚unmittelbare Zusammenhang zum Grenzübertritt' ist bei den Fallkonstellationen des Einschleusens von Ausländern naturgemäß immer gegeben, woraus in aller Regel eine Zuständigkeit der Bundespolizei resultiert. Das verfassungsrechtlich begründete ‚Verbot der Mischverwaltung'[289] schließt eine aus allgemeinpolizeilichen Aufgaben rückschließende Zuständigkeit der Polizeien der Länder überdies grundsätzlich aus.

Jedoch existiert innerhalb des unter Ziffer 1.2.1 definierten Phänomenbereichs der Schleusungskriminalität neben den Fällen des Menschenhan-

[287] Baumbach, Jörg (2002, S. 34)

[288] Neske, Matthias (2007, S. 82)

[289] Vgl. hierzu Degenhart, Christoph (2010, Kap. 5, Rn. 516-518)

dels eine Strafverfolgungszuständigkeit der Länder für Inlandsfeststellungen wie dem unerlaubten Aufenthalte oder dem Erschleichen von Aufenthaltstiteln.

Daher hatten zahlreiche Bundesländer auch ohne eine gesetzliche Strafverfolgungszuständigkeit für Fälle des Einschleusens von Ausländern ab etwa der Mitte der 1990er Jahre nicht unwesentliche Aktivitäten im Bereich der Bekämpfung der Schleusungskriminalität entfaltet. Dies war Ausfluss einer generellen polizeilichen Schwerpunktsetzung zur Bekämpfung der nach dem sog. ‚Fall des Eisernen Vorhanges' signifikant wachsenden Organisierten Kriminalität, die insbesondere in der Schleusungskriminalität ein dominierendes Handlungsfeld fand und noch heute findet. Die Länder deckten dieses Feld ab, da die Bundespolizei zum damaligen Zeitpunkt strukturell wie personell noch nicht in der Lage war, eine kriminalpolizeiliche Bekämpfung des Phänomens im erforderlichen Maße zu gewährleisten. Dies änderte sich erst mit Aufbau und Fortentwicklung der BPOLI KB, die für eine spezialisierte Bekämpfung der organisierten Schleusungskriminalität etabliert wurden.[290]

Mittlerweile füllt die Bundespolizei ihre Strafverfolgungszuständigkeiten auch im Bereich der schweren und Organisierten Kriminalität wirkungsvoll aus, was faktisch zu einem sukzessiven Rückzug der Länder aus der Bekämpfung der Schleusungskriminalität führte. Dies zeigt sich insbesondere an laufenden Neuorganisationen auf Seiten der Länderpolizeien, die exemplarisch anhand der Konzeptionen zur Neuorganisation der Polizeien des Freistaates Sachsen und Brandenburg, die in den Jahren 2010/2011 fundierte Aufgabenkritiken durchgeführt haben, verdeutlicht werden können.

Beide Länder eignen sich in diesem Kontext als Beispiele, da sie von den mit dem Wegfall der stationären Grenzkontrollen entlang der Ostgrenzen zu Polen und Tschechien verbundenen Veränderungen in besonderem Maße betroffen sind. In den Brandenburger Überlegungen wurde die grenzüberschreitende Kriminalität als Handlungsfeld zwar angesprochen, hierfür aber eine Rückentwicklung prognostiziert. Schleusungskriminalität findet überdies keine explizite Erwähnung. Für die Neuorganisation der Polizei Brandenburg wurde daher weder im Be-

290 Vgl. Baumbach, Jörg; Pfau, Markus (2011)

reich der grenzüberschreitenden Kriminalität noch bei der Schleusungskriminalität ein Schwerpunkt gesetzt.[291] Auch in den Konzepten des Freistaates Sachsen finden diese Kriminalitätsfelder keine Erwähnung. Sie werden nicht als Problemfelder beschrieben und somit schlüssig auch nicht als Schwerpunkt für die sächsische Polizei definiert.[292] Der verminderte Stellenwert der Bekämpfung der Schleusungskriminalität lässt sich in Sachsen auch daran erkennen, dass diese in den Kriminalpolizeiinspektionen quasi als Annex in einem Kommissariat mit Umweltkriminalität und Computerbetrug bearbeitet wird. Der für Brandenburg und Sachsen dargestellte Trend lässt sich bundesweit, wenngleich in unterschiedlicher Intensität, nachvollziehen. So haben sich auch die Polizei des Freistaates Bayern im Jahre 2009 und die Polizei der Hansestadt Bremen zum 01.01.2012 aus ihren grenzpolizeilichen Aufgaben zurückgezogen und diese an die Bundespolizei übergeben. Gleiches lässt sich für die Hansestadt Hamburg absehen.

Insgesamt ist festzuhalten, dass sich die Polizei der Länder aus der Bekämpfung der Schleusungskriminalität und irregulären Migration zugunsten anderer kriminalpolizeilicher Schwerpunkte in eigener Zuständigkeit zurückziehen. Dieser Prozess ging und geht mit einer Professionalisierung und Spezialisierung der Bundespolizei in diesem Phänomenbereich einher, was im Ergebnis eine Ausfüllung des spezialgesetzlichen Zuständigkeitsrahmens bedeutet.

---

[291] Vgl. hierzu ausführlich Innenministerium des Landes Brandenburg (2010)

[292] Vgl. hierzu ausführlich Sächsisches Staatsministerium des Innern (2011a und 2011b)

5.4. Optimierungsansätze auf Bundesebene

Zum Abschluss der kriminalstrategischen Betrachtungen werden bereits im fachlichen Diskurs befindliche Ansätze zur Optimierung der Kriminalitätsbekämpfung auf Bundesebene hinsichtlich ihrer Bedeutung für und Wirkung auf die Bekämpfung der Schleusungskriminalität thematisiert. Hierzu sollen zunächst die Rolle des Bundes bei der Bekämpfung der Organisierten Kriminalität sowie etwaige Vorschläge zur Stärkung dieser Rolle betrachtet werden. Im Anschluss daran werden die Ergebnisse der im Jahr 2010 durch den Bundesminister des Innern eingesetzten ‚Kommission zur Evaluierung der (Bundes)Sicherheitsbehörden' hinsichtlich ihrer Bedeutung für die Bekämpfung der Schleusungskriminalität bewertet. Ein besonderer Fokus liegt dabei auf den Vorschlägen zur Fusion von Bundeskriminalamt und Bundespolizei sowie – aufgrund deren phänomenbezogener Relevanz – zur Rolle der FKS.

5.4.1. Die Rolle des Bundes als zentraler Akteur

Bei der Diskussion um die wirksame Bekämpfung der Organisierten Kriminalität taucht nicht selten die Frage auf, inwiefern das föderale Sicherheitsgefüge Deutschlands mit einer Polizeihoheit auf Seiten der Bundesländer diesen meist grenzüberschreitend ausgeprägten und sich zunehmend weiter internationalisierenden Kriminalitätsformen noch gewachsen ist. Hierbei wird bisweilen ins Feld geführt, dass „[sich] kleine dezentrale Polizeieinheiten, die auf Bedürfnisse der Kommunen oder der jeweiligen kriminalgeografischen Räume zugeschnitten sind, […] meist zu schwerfällig gegenüber überregional oder gar international agierender Kriminalität [zeigen]."[293] Stattdessen wird für eine Zentralisierung der wesentlichen Kompetenzen zur Bekämpfung Organisierter Kriminalität plädiert. So argumentiert etwa Gatzke für eine operative Stärkung der Landeskriminalämter: „Die Strafverfolgungsbehörden müssen sich auf die veränderte Lebenswirklichkeit einstellen. Dies betrifft z.B. […] die Bündelung von spezialisierten Kräften in den Zentralstellen."[294]

---

[293] Ritter, Markus (1999, S. 178)

[294] Gatzke, Wolfgang (2009, S. 143)

Unabhängig von historisch begründeten, eindeutigen verfassungsrechtlichen Grenzen wird in diesem Zusammenhang allerdings auch verstärkt auf eine faktische ‚Marginalisierung' der Länder bei der Bekämpfung Organisierter Kriminalität abgestellt und eine dahingehende Kompetenzbündelung auf Ebene des Bundes durch Stärkung von Bundeskriminalamt und Bundespolizei oder durch Schaffung einer neuen, umfassenderen Bundespolizei angeregt.

Dieser Thematik hatte sich Dr. Markus Ritter im Jahre 1999 im Rahmen seiner Dissertation gewidmet. Ihm zufolge haben „Politik und Polizeipraktiker [...] die Notwendigkeit einer stärkeren bundesweiten Zentralorganisation erkannt, jedoch zwingen die vorgegebenen Umstände zu rein kosmetischen Lösungen, die immer wieder an den eigentlichen Punkten, den Kernkompetenzen zwischen 16 Landes- und den zwei großen Bundespolizeien scheitern."[295] Nach einer umfassenden polizeipraktischen Betrachtung sieht Ritter u.a. die Notwendigkeit der Schaffung einer Bundeskriminalpolizei mit Behördenunterbau und umfangreichen Exekutivbefugnissen. Diese sollte für die Bekämpfung der überregionalen, bundesweiten und internationalen Kriminalität sowie derjenigen mit überregionaler Bedeutung zuständig sein und ansonsten eine Zentralstellenfunktion wahrnehmen.[296] Stellt die dezentrale Kriminalpolizei nach ersten Ermittlungen Bezüge zur Organisierten Kriminalität fest, gibt sie die gesamten Ermittlungen an die zentrale Bundeskriminalpolizei ab. Neben einer mit dieser Lösung verbundenen stärkeren Personal- und Kosteneffizienz sieht Ritter die Chance, mit einer zentralen leistungsstarken Organisation die besten Ergebnisse gegen überregionale und international verflechtete Täterstrukturen zu erzielen.[297] Allerdings räumt Ritter selbst verfassungsrechtliche Bedenken gegen eine solche Lösung ein.[298]

Mag das Modell Ritters aus polizeipraktischem Blickwinkel für die Bekämpfung der Organisierten Kriminalität in ihrer Gesamtheit grundsätzlich geeignet sein, so scheint es im Hinblick auf das Phänomen Schleusungskriminalität wenig zeitgemäß und von lediglich eingeschränkter

[295] Ritter, Markus (1999, S. 1)

[296] Vgl. Ritter, Markus (1999, S. 241)

[297] Vgl. Ritter, Markus (1999, S. 226)

[298] Vgl. Ritter, Markus (1999, S. 168; 247)

Relevanz. Dies mag zunächst daran liegen, dass Ritter trotz eines Fokus auf den damaligen Bundesgrenzschutz dessen Strafverfolgungskompetenzen vollständig ausblendet und auch die Schleusungskriminalität selbst keine Erwähnung findet. Andererseits findet sich das für die Bekämpfung der gesamten Organisierten Kriminalität skizzierte Modell in der heutigen Bundespolizei im Rahmen ihres Strafverfolgungsmandates faktisch bereits umgesetzt. Regionale Ermittlungsdienste geben Verfahren mit OK-Relevanz an die BPOLI KB ab. Seit der Neuorganisation 2008 existiert zudem eine zentrale Ermittlungskoordination beim Bundespolizeipräsidium, die Querbezüge erkennen hilft und Verfahren von übergeordneter Bedeutung an sich heranziehen kann.

Angesichts der dargestellten phänomenbezogenen spezialgesetzlichen (Allein-)Zuständigkeit der Bundespolizei sind somit organisatorische Grundlagen für eine wirkungsvolle und effiziente Bekämpfung der Schleusungskriminalität gegeben. Inwiefern diese allerdings eine hinreichende Vernetzung zur Bekämpfung der übrigen Handlungsfelder Organisierter Kriminalität erfährt, bleibt fraglich. In Bezug auf eine Stärkung der Rolle des Bundes bei der Bekämpfung der Schleusungskriminalität kommen daher im Kern lediglich die bereits dargestellten Möglichkeiten einer Erweiterung der Strafverfolgungskompetenz auf ‚Inlandsfälle irregulärer Migration' sowie eine Ausweiterung der Fahndungskompetenzen im Inland, über den Grenzraum hinaus in Betracht. „Wer sich im vereinigten Europa vor grenzüberschreitender Kriminalität und Gefahren schützen will benötigt einen entgrenzten Grenzschutz."[299] Einer klaren und verfassungskonformen Verteilung der Sicherheitsverantwortung zwischen Bund und Ländern würden diese Maßnahmen nicht zuwider laufen.

5.4.2. Ausgewählte Ergebnisse der ‚Werthebach-Kommission'

Im April 2010 setzte der damalige Bundesminister des Innern, Thomas De Maiziere eine „Kommission zur Evaluierung der Sicherheitsbehörden" unter dem Vorsitz von Senator a.D. Dr. Eckart Werthebach, daher auch als ‚Werthebach-Kommission' bezeichnet, ein. Die Kommission erhielt den Auftrag, Schnittstellen der zivilen Sicherheitsbehörden des

[299] Kepura, Jürgen; Niechziol, Frank (2011, S. 548)

Bundes – Bundeskriminalamt, Bundespolizei und Zollverwaltung – auf mögliche Synergien zu untersuchen und zu bewerten. Die Ergebnisse der ,Werthebach-Kommission' fanden nach ihrer Veröffentlichung im Dezember 2010 aufgrund der ihren Empfehlungen inne wohnenden Tragweite eine breite und kontroverse Diskussion in der Fachwelt. Insbesondere der unter Ziffer 5.4.3 noch separat zu behandelnde Vorschlag einer Fusion von Bundespolizei und Bundeskriminalamt zu einer Bundespolizei (neu) erfuhr nicht nur seitens der beiden betroffenen Behörden starken Widerhall.

Im Juni 2011 wurde durch den Bundesminister des Innern eine finale Entscheidung zu den Ergebnissen der ,Werthebach-Kommission' verkündet, mit der u.a. die Fusion von Bundeskriminalamt und Bundespolizei verworfen und explizit festgestellt wurde, dass „die Bekämpfung der schweren und der organisierten Schleusungskriminalität wie bisher ein wichtiger Baustein im Rahmen der ganzheitlichen Bekämpfung der illegalen Migration durch die Bundespolizei bleibt."[300] Unabhängig von dieser politischen Entscheidung sollen nunmehr ausgewählte Ergebnisse der ,Werthebach-Kommission' im Lichte der vorstehenden Betrachtungen zur Bekämpfung der Schleusungskriminalität bewertet werden, da zu erwarten bleibt, dass diese Ergebnisse auch in künftigen Diskussionen zur Sicherheitsarchitektur des Bundes Niederschlag finden werden.

Die ,Werthebach-Kommission' kritisiert ein vermeintliches „Bestreben der Bundespolizei, über die Bekämpfung der international organisierten Schleusungskriminalität die Rolle einer vollwertigen Kriminalpolizei einschließlich die einer Zentralstelle in diesem Bereich einzunehmen."[301] Einen Indikator hierfür sieht die darin, dass „schwere Fälle der Schleuserkriminalität" in den letzten Jahren zunehmend durch die Bundespolizei bearbeitet wurden, während diese vorher nach den Maßnahmen des Ersten Angriffs an die zuständige Länderpolizei abgegeben wurden.[302] Dieser Trend hätte erhebliche Auswirkungen auf das Bundeskriminalamt sowie die Polizeien der Länder. Gleichwohl diese Auswirkungen an keiner Stelle konkretisiert werden, sieht die Kommission das Erfordernis dem Trend zu begegnen. Dies soll in erster Linie durch eine Fusion von

300 Pressemitteilung des Bundesministeriums des Innern vom 28. Juni 2011

301 Kommission „Evaluierung Sicherheitsbehörden" (2010, S. 24)

302 Vgl. Kommission „Evaluierung Sicherheitsbehörden" (2010, S. 13)

Bundeskriminalamt und Bundespolizei erfolgen. Da die Kommission selbst Zweifel an der mittelfristigen Umsetzbarkeit dieses Unterfangens offenbart, schlägt sie als faktische ‚Minus-Maßnahme' vor, „die Bekämpfung der [Schleusungs-]Kriminalität in Fällen von besonderer Bedeutung ohne Zeitverzug aus dem Zuständigkeitsbereich der Bundespolizei auf das Bundeskriminalamt zu übertragen."[303] Die Bundespolizei soll darüber hinaus lediglich noch für Fälle der leichten und mittleren Kriminalität ihre Strafverfolgungskompetenz behalten.

Im Lichte der vorgenommenen Betrachtungen zur strategischen Ausrichtung bei der Bekämpfung der Schleusungskriminalität ist dieser Vorschlag abzulehnen. Bei der qualifizierten Bekämpfung der Schleusungskriminalität bedarf es zwingend der Anwendung kriminalpolizeilicher Ermittlungsmethoden, die durch die Bundespolizei geleistet werden. Die Bearbeitung schwerer Fälle der Schleusungskriminalität durch die Bundespolizei bedeutet daher eine Spezialisierung und damit eine Qualitätssteigerung gegenüber einer allgemeinpolizeilich ausgerichteten Kriminalpolizei, was im Übrigen auch die ‚Werthebach-Kommission' der Bundespolizei ausdrücklich attestiert.[304] Überdies sind derartige Fälle nicht von deliktgleichen Fällen der leichten und mittleren Kriminalität zu trennen. Sie bauen vielmehr in der Regel darauf auf und finden vielfach ihren Ausgangspunkt in Erkenntnissen, die aus den bei Kontroll- und Überwachungstätigkeiten erzielten Aufgriffen und getroffenen Feststellungen gewonnen werden. Erst die systematische Auswertung dieser Erkenntnisse sowie der Ergebnisse von zahlreichen Einzelverfahren etwa wegen Vergehen gegen das Pass- oder das Aufenthaltsgesetz bildet die Grundlage zur Einleitung von komplexen Ermittlungsverfahren. Die Bundespolizei wird diesem Erfordernis mit ihrem ganzheitlichen Ansatz ohne behördliche Trennung von Repression und Prävention bzw. leichter und mittlerer von schwerer Kriminalität gerecht. Durch eine behördenübergreifende Informationssteuerung würde der integrative Erkenntnis- und Maßnahmenkreislauf unterbrochen. Das Bundeskriminalamt als phänomenbezogen nicht spezialisierte Ermittlungsbehörde wäre überdies schwerlich in der Lage, eine der spezialisierten Bundespolizei vergleichbare adressatenorientierte Auswertung und

303 Kommission „Evaluierung Sicherheitsbehörden" (2010, S. 33)

304 Kommission „Evaluierung Sicherheitsbehörden" (2010, S. 72)

Steuerung fahndungsrelevanter Informationen zu gewährleisten. Mit deutlichen Qualitätsverlusten bei Fahndungsmaßnahmen wäre daher wohl zu rechnen. Auch könnten Fahndungs- und Kontrollmaßnahmen nicht mehr hinreichend flexibel und zielgerichtet als ermittlungsbegleitendes Instrument in konkreten Ermittlungsverfahren der schweren Schleusungskriminalität verwendet werden. Diese künstliche Trennung von wesentlichen Teilen der Repression und Prävention liefe der Zielsetzung eines verbesserten Informationsaustausches durch Schaffung neuer Schnittstellen zuwider.[305] Im Ergebnis erscheint eine Trennung der Bearbeitungszuständigkeiten allein nach Deliktschwere nicht zielführend. Qualitätsverluste bei der Bekämpfung der Schleusungskriminalität wären die absehbare Folge. Abschließend bleibt der ‚Werthebach-Kommission' entgegnend noch anzumerken, dass die Bearbeitung der Fälle schwerer Schleusungskriminalität nicht quasi gewohnheitsrechtlich entstanden ist, sondern, wie unter 5.3.1 ausgeführt, gesetzlich begründet liegt.

Eine weitere zu thematisierende Empfehlung der ‚Werthebach-Kommission' betrifft die Ausgestaltung der Strafverfolgungskompetenz der Bundespolizei im grenzpolizeilichen Bereich nach § 12 BPolG. So werden Vorschläge der Bundespolizei aufgegriffen, den bei der Verfolgung von Straftaten der banden- und gewerbsmäßigen Schleusungskriminalität nach § 12 Abs. 1 S. 1 Nr. 2 BPolG erforderlichen unmittelbaren räumlichen und zeitlichen Bezug zum Grenzübertritt zu streichen, wegen der häufigen Verbindung von Schleusungskriminalität und Menschenhandel§ 12 BPolG um ein Strafverfolgungsmandat der Bundespolizei für Fälle des Menschenhandels zu ergänzen sowie die örtliche Strafverfolgungszuständigkeit der Bundespolizei durch die Neudefinition eines ‚entgrenzten' Grenzraumes zu erweitern.[306] Diese Anregungen hält die Kommission unter dem Vorbehalt einer Reduzierung auf Fälle der leichten und mittleren Kriminalität für erwägenswert und schlägt aufgrund der grundsätzlichen diesbezüglichen Schnittstellen zu den Polizeien der Länder die Einrichtung einer Bund-Länder-Arbeitsgruppe vor, die sich mit der Erarbeitung einer „den heutigen Gegebenheiten ange-

305 Vgl. auch Bundesministerium des Innern; Bundesministerium der Justiz (Hg.) (2006, S. 57)

306 Kommission „Evaluierung Sicherheitsbehörden" (2010, S. 54-55)

messene[n] Lösung für die Zusammenarbeit [zwischen Bundespolizei und Länderpolizeien]" befasst.[307]

Das hier empfohlene Vorgehen kann angesichts des dargestellten Gesamtbefundes dieser Arbeit und unabhängig von einer noch zu betrachtenden Fusionslösung von Bundeskriminalamt und Bundespolizei ausdrücklich begrüßt werden. Es darf jedoch aus genannten Gründen nicht – wie von der ‚Werthebach-Kommission' empfohlen – auf Fälle der leichten und mittleren Kriminalität beschränkt bleiben.

5.4.3. Diskussion zur Fusion von Bundeskriminalamt und Bundespolizei

Betrachtet man die Aufgabenfelder und Tätigkeiten von Bundespolizei, Bundeskriminalamt und Zollverwaltung, so zeichnen sich die Konturen eines fragmentierten Bildes ab, welches vielfach nicht dem Ideal entspricht, „das bei einer grundlegenden Neuordnung bundesstaatlicher Aufgaben im Sicherheitsbereich und einer sich daran orientierenden Behördenstruktur und Personalausstattung zu verfolgen wäre."[308] Von diesem Gedanken ausgehend, hatte die ‚Werthebach-Kommission' als einen ihrer Kernvorschläge die Fusion von Bundespolizei und Bundeskriminalamt empfohlen.[309] Damit sollte die Grundlage für eine Reorganisation der Sicherheitsaufgaben auf Bundesebene gelegt werden. Durch eine Bündelung von Sachverstand und Kompetenzen in den zahlreichen kriminal- und schutzpolizeilichen Aufgaben erhoffte sich die Kommission erhebliche Synergieeffekte sowie einen weitaus flexibleren Personaleinsatz.[310]

Mit dieser Empfehlung bewegt sich die ‚Werthebach-Kommission' grundsätzlich im – wenngleich unverbindlichen – Rahmen des 2009 fortgeschriebenen ‚Programms Innere Sicherheit' der Innenministerkonferenz (IMK), stellt es doch die föderale Aufgabenteilung im Bereich Innere Sicherheit nicht zur Disposition und belässt die Kernkompetenz für die polizeiliche wie nichtpolizeiliche Aufgabenwahrnehmung bei

---

307 Kommission „Evaluierung Sicherheitsbehörden" (2010, S. 56)

308 Kommission „Evaluierung Sicherheitsbehörden" (2010, S. 12)

309 Kommission „Evaluierung Sicherheitsbehörden" (2010, S. 28)

310 Vgl. Kommission „Evaluierung Sicherheitsbehörden" (2010, S. 27)

den Ländern. Auch greift sie die Empfehlung der IMK auf, die Organisationsstrukturen der Sicherheitsbehörden so zu gestalten, dass sie sich verändernden Rahmenbedingungen flexibel anpassen können und die Behörden in die Lage versetzen, ihre Aufgaben grundsätzlich eigenständig bewältigen zu können.[311] Insbesondere der letzte Aspekt erscheint in Anbetracht regelmäßiger Unterstützungsleistungen[312] der Bundespolizei für das Bundeskriminalamt nicht unerheblich.

Unabhängig von hier nicht näher zu erörternden Argumentationslinien, auf welche die ‚Werthebach-Kommission' ihre Fusionsempfehlung stützt, ist zu hinterfragen, ob eine Zusammenführung von Bundeskriminalamt und Bundespolizei im Hinblick auf die Bekämpfung irregulärer Migration und Schleusungskriminalität sinnvoll erschiene. Hierzu ist zunächst zu rekapitulieren, dass es sich bei der Bundespolizei um eine (auch) auf die Bekämpfung dieser Phänomenbereiche spezialisierte Behörde handelt. Zentraler Bestandteil dieser Spezialisierung ist der beschriebene ganzheitliche strategische Ansatz zur Vernetzung von Gefahrenabwehr, Fahndung und Strafverfolgung. Eine Fusion müsste diesen Ansatz hinreichend bewahren bzw. integrieren. Dies wäre bei der durch die ‚Werthebach-Kommission' vorgeschlagenen Organisationsform fraglich. Danach soll eine Bundespolizei (neu) eine Struktur erhalten, wie sie der Aufbauorganisation der Länderpolizeibehörden entspricht, also grundsätzlich voneinander getrennte kriminal- und schutzpolizeiliche Komponenten.[313] In einer kriminalpolizeilichen Säule würde das Bundeskriminalamt neben obliegenden Zentralstellenaufgaben die internationale organisierte Kriminalität bekämpfen, während die Bundespolizei in einer schutzpolizeilichen Säule präventivpolizeiliche Aufgaben einschließlich der Bekämpfung leichter und mittlerer Kriminalität in Bahnpolizei und Grenzschutz wahrnimmt.[314]

In einer solchen Organisation würden die BPOLI KB als faktische OK-Dienststellen in die kriminalpolizeiliche Säule integriert werden,

311 Vgl. ausführlich Ständige Konferenz der Innenminister und -senatoren der Länder (2009, S. 6)

312 insbesondere durch den Einsatz Mobiler Fahndungseinheiten, der GSG9 oder operativ-technischer Unterstützungsleistungen

313 Vgl. Kommission „Evaluierung Sicherheitsbehörden" (2010, S. 25)

314 Vgl. Kommission „Evaluierung Sicherheitsbehörden" (2010, S. 28)

wodurch der Bund in diesem Aufgabenspektrum dezentrale Flächenpräsenz erhielte. Das allein wäre im Lichte des Art. 87 GG verfassungsrechtlich bedenklich.[315] Überdies würde der ganzheitliche Ansatz zur Bekämpfung irregulärer Migration durch die organisatorische Trennung der Bearbeitung von Fällen leichter und mittlerer (Migrations-)Kriminalität von den darauf aufbauenden Feldern der schweren und organisierten (Migrations-)Kriminalität absehbar beeinträchtigt.

Eine den Strukturen der Länderpolizeien entsprechende Aufbauorganisation kann daher in einer Bundespolizei (neu) nur eingeschränkte Anwendung finden, da sich die Strafverfolgungszuständigkeiten und damit auch die schutz- und kriminalpolizeilichen Komponenten des Bundes von denen der Länder nicht unwesentlich und schon rein verfassungsrechtlich unterscheiden. Eine Aufbauorganisation der Länder sollte daher allenfalls als Anhalt dienen und müsste ausführlich geprüft werden. Vielmehr empfiehlt sich eine Orientierung an ausländischen Polizeiorganisationen auf einer dem Bund vergleichbaren Ebene in föderal geprägten Staaten.[316] Eine Bundespolizei (neu) bedürfte einer Organisationsform, welche die jeweiligen Aufgabenbereiche der Bundespolizei und des Bundeskriminalamtes integrativ und verfassungskonform unter dem Dach einer koordinativ und weisungsrechtlich handlungsfähigen Bundesoberbehörde zusammenführt. Reine ‚Säulenlösungen' wie von der ‚Werthebach-Kommission' angestrebt, greifen zu kurz.

Mit einer den ganzheitlichen strategischen Ansatz zur Bekämpfung irregulärer Migration wahrenden Bundespolizei (neu) wären jedoch auch strategische Vorteile verbunden. So würden beispielsweise Maßnahmen des Grenzschutzes enger mit den Strafverfolgungsmaßnahmen zur Bekämpfung des internationalen Terrorismus vernetzt und dahingehende zwischenbehördliche Schnittstellen beseitigt. Eine schon im ‚Zweiten Periodischen Sicherheitsbericht' diesbezüglich formulierte Notwendigkeit wäre damit erfüllt.[317] Weiterhin würde durch die Zusammenführung der Bekämpfung organisierter Schleusungskriminalität mit den in Zuständigkeit des Bundeskriminalamtes zu bekämpfenden Feldern der

---

315 Vgl. hierzu ausführlich Ritter, Markus (1999, S. 168)

316 exemplarisch etwa die Schweiz oder Japan

317 Vgl. Bundesministerium des Innern; Bundesministerium der Justiz (Hg.) (2006, S. 188)

Organisierten Kriminalität eine breitere logistische und befugnisrechtliche Basis für eine ganzheitliche Herangehensweise im Sinne des Unternehmensansatzes geschaffen.[318] Auch hier birgt die Verknüpfung der Zentralstellenaufgabe des Bundeskriminalamtes mit der dezentralen Dienststellenstruktur der Bundespolizei erhebliche Potentiale. Internationalisierte Täterstrukturen könnten so beispielsweise durch eine stärkere Einbeziehung der ausländerrechtlichen und -polizeilichen Expertise der Bundespolizei auch in anderen Handlungsfeldern der Organisierten Kriminalität effektiver bekämpft werden.

Im Gesamtergebnis der hier vorgenommenen kursorischen Betrachtung wären mit einer Fusion von Bundeskriminalamt und Bundespolizei sowohl Potentiale als auch Gefahren für die wirksame Bekämpfung der irregulären Migration und Schleusungskriminalität verbunden. Insgesamt erschiene eine solche behördenorganisatorische Maßnahmen dann erwägenswert, wenn hierbei die durch Spezialisierung bei der Bundespolizei entwickelten phänomenbezogenen Kompetenzen und Komponenten sowie insbesondere der ganzheitliche strategische Ansatz eines Erkenntnis- und Maßnahmenkreislaufes aus Gefahrenabwehr, Fahndung und Strafverfolgung erhalten blieben. Andernfalls drohte die Bekämpfung der Schleusungskriminalität in einer breiter aufgestellten Bundespolizei (neu) einer Priorisierung zu Gunsten der Bekämpfung anderer Kriminalitätsfelder zum Opfer zu fallen.

5.4.4. Diskussion zur Rolle der Finanzkontrolle Schwarzarbeit

In ihren Überlegungen hat die ‚Werthebach-Kommission' auftragsgemäß auch die Bundeszollverwaltung mit einbezogen und hier eine Eingliederung in eine fusionierte Bundespolizei (neu) zumindest angeprüft. Eine solche Erwägung liegt nahe, da insbesondere mit der Bundespolizei aber auch mit dem Bundeskriminalamt nicht unerhebliche räumliche und sachliche Schnittmengen existieren.[319] Den Gedanken einer Zusammenführung der Bundeszollverwaltung mit den beiden Behörden hat die

---

318 Vgl. Bundesministerium des Innern; Bundesministerium der Justiz (Hg.) (2006, S. 456)

319 exemplarisch Schnittmengen Bundespolizei: Kontrollen im 30km-Bereich und an Flughäfen; Schnittmengen Bundeskriminalamt: Bekämpfung Rauschgiftschmuggel

Kommission unter Verweis auf die „Ambivalenz der den Kontroll- und Ermittlungseinheiten des Zolls übertragenen Aufgaben"[320] ebenso verworfen, wie Überlegungen, die Kontroll- und Ermittlungseinheiten der Zollverwaltung mit Polizeiaufgaben in die beiden Sonderpolizeien zu überführen. So läge der Schwerpunkt des Zolls im Bereich der fiskalischen Aufgabenwahrnehmung. Kriminalpolizeiliche Aufgaben stellten hierzu nur einen Annex dar.[321]

Gleichwohl diese Grundargumentation in gewisser Weise nachvollziehbar erscheint, umgibt sie doch der Anruch eines weniger fachlichen dafür umso mehr politischen Hintergrundes. Für einen solchen sprechen auch die im Bericht der ‚Werthebach-Kommission' in diesem Kontext diskutierten „Auseinandersetzungen [...] wegen der Ressortverantwortlichkeit".[322]

Weniger nachvollziehbar erscheint die Grundargumentation mit Blick auf die FKS, wo allein 85% der Mitarbeiter in den Bereichen Kontrolle und Ermittlung eingesetzt werden.[323] Zwar geht es auch hier um die Überwachung von Steuerpflichten. Allerdings wird aufgrund des sehr polizeinahen Aktionsschwerpunktes der FKS in der ‚Illegalität' ein übergeordneter Einsatzzweck sichtbar. Auch ergeben sich – wie ausgeführt – gerade mit Blick auf die irreguläre Migration sowie zu OK-relevanten Feldern der Schattenwirtschaft umfangreiche Schnittstellen zur Bundespolizei und punktuell zum Bundeskriminalamt.

Ausgehend von der Erkenntnis, dass bei der FKS Mängel in der Umsetzung von Prüfungshandlungen bei Vorverdachtssituationen von zuständigkeitsfremden Rechtsverstößen[324] bestehen,[325] hatte die Kommission daher auch eine Eingliederung der FKS in die Bundespolizei bewertet. Sie kam dabei zu folgendem Ergebnis: „Wenngleich die Erfahrung und Sachkompetenz der Bundespolizei bei der Bekämpfung von illegaler Migration und Schleusungskriminalität für eine Aufgabenübertragung

320 Kommission „Evaluierung Sicherheitsbehörden" (2010, S. 13)

321 Kommission „Evaluierung Sicherheitsbehörden" (2010, S. 24)

322 Kommission „Evaluierung Sicherheitsbehörden" (2010, S. 24)

323 Vgl. Ziffer 5.3.3

324 wie eben insbesondere der irregulären Migration und Fälschungskriminalität

325 Vgl. Kommission „Evaluierung Sicherheitsbehörden" (2010, S. 109)

sprechen könnte, sieht die Kommission doch erhebliche Nachteile in einer solchen Lösung."[326] Stattdessen wird eine verbesserte Zusammenarbeit von FKS und Bundespolizei durch eine institutionalisierte Kooperation empfohlen, wodurch „das Ziel einer Intensivierung der gesamtheitlichen Betrachtung des Phänomens Schwarzarbeit, illegale Migration, Schleusungskriminalität und illegaler Aufenthalt"[327] erreicht werden soll.

Mit Blick auf die Bekämpfung der irregulären Migration und Schleusungskriminalität ist gerade eine solche ganzheitliche Betrachtung zwingend geboten. Diese kann am wirkungsvollsten durch eine Abbildung der Verantwortlichkeiten für die Bekämpfung des Gesamtphänomens in einer Behörde realisiert werden, was für eine Einbindung der Finanzkontrolle Schwarzarbeit in die Bundespolizei spricht. Die seitens der ‚Werthebach-Kommission' für diese Lösung prognostizierten „erheblichen Nachteile" wurden (einmal mehr) durch diese nicht näher benannt und begründet. Es wird lediglich auf die o.g. Grundargumentation verwiesen. Die Bedeutung der irregulären Migration und Schleusungskriminalität als Schlüsselkriminalitätsfeld rechtfertigt eine mit der Eingliederung der FKS verbundene Prioritätensetzung durchaus. So sind mit einer stärkeren Fokussierung und wirkungsvollen Bekämpfung ebenjener auch nachhaltige Präventivwirkungen auf die illegale Beschäftigung zu erwarten. Die seitens der ‚Werthebach-Kommission' favorisierte ‚institutionalisierte Kooperation' beider Behörden wäre zwar einmal mehr die leichter durch- und umsetzbare, aber in Ermangelung entsprechender Weisungs- und Priorisierungsrechte eben doch nur die zweitbeste, weniger wirkungsvolle Lösung.

326 Kommission „Evaluierung Sicherheitsbehörden" (2010, S. 110)

327 Kommission „Evaluierung Sicherheitsbehörden" (2010, S. 110)

6. Zusammenfassung und Fazit

In den vorangegangenen Kapiteln wurde untersucht, inwiefern die Sicherheitsstruktur Deutschlands und hierbei insbesondere die Strategien der betroffenen Bundessicherheitsbehörden zur Bekämpfung der Schleusungskriminalität den aktuellen und künftigen Herausforderungen in diesem Phänomenbereich in konzeptioneller Hinsicht entsprechen. Hierzu wurde zunächst erforscht, wie sich dieses Kriminalitätsfeld phänomenologisch binnen der vergangenen zwanzig Jahre entwickelt hat. Auf Basis der dabei identifizierten Herausforderungen erfolgte eine Analyse unter kriminalstrategischen Gesichtspunkten.

Mit Blick auf die für die Erforschung dieser Fragestellungen gewählte Methodik kann zunächst festgestellt werden, dass sich der weite Betrachtungswinkel auf das Phänomen bewährt hat. So wurde nicht nur die ‚Schleuserkriminalität' im engeren Sinne untersucht, sondern der Fokus vielmehr auf das im eigentlichen Sinne übergeordnete Phänomen der irregulären Migration erweitert. Dies war für eine Berücksichtigung der umfangreichen Wechselwirkungen und Abhängigkeiten zwischen beiden Deliktfeldern zwingend geboten. Ein nur auf Schleusungstatbestände eingeschränkter Blickwinkel hätte sowohl in der phänomenologischen Betrachtung, als auch und insbesondere bei der kriminalstrategischen Betrachtung einen deutlich geringeren Erkenntnisgewinn nach sich gezogen. Auch die Fokussierung der Wirkungen irregulärer Migration im Inland, mithin der sogenannten ‚Illegalität', hat sich in diesem Kontext bewährt.

Insgesamt erwies sich der empirische Forschungsstand zum untersuchten Kriminalitätsfeld als begrenzt und in Teilbereichen als allenfalls fragmentativ.[328] Nicht zuletzt deshalb wurde eine interdisziplinäre Herangehensweise an die Untersuchung gewählt. Im Rahmen dieser ganzheitlichen Forschungsperspektive erfolgte der Rückgriff auf ein sehr breites Spektrum an themenbezogener Literatur und sonstigen Quellen aus verschiedenen Wissenschaftsfeldern. So erhielten etwa politikwissenschaftliche Aspekte ebenso Einfluss in die Betrachtungen wie verfügbares sozialwissenschaftliches und kriminologisches Material. Überdies

328 fragmentativ etwa in Bezug auf die Ausprägung der ‚Illegalität' im Inland

wurden im Rahmen einer aus Sicht des Verfassers zwingenden polizeiwissenschaftlichen Schwerpunktsetzung auch Quellen aus der polizeilichen Fachliteratur sowie statistisches Material der betroffenen Behörden selbst verwendet. Als Anhalt dienten im Rahmen der Untersuchung auch die in der Polizeidienstvorschrift (PDV) 100 definierten strategischen Handlungsfelder Bürger- und Gemeinwesenorientierung polizeilicher Arbeit, Aufbau- und Ablauforganisation der Kriminalitätsbekämpfung, (Kriminal-)Prävention sowie die behörden- und institutionsübergreifende Kooperation und Koordination.[329]

Gleichwohl punktuell eine tiefergehende Erforschung von Einzelaspekten sinnvoll und erforderlich gewesen wäre, gelang es, die Thematik mittels der umfangreichen Quellen unterschiedlichster Art umfassend und ganzheitlich zu beleuchten. Dies war letztlich geboten, um Erkenntnisse und Empfehlungen für ein ebenso ganzheitliches Handeln im Kontext des Gesamtspektrums der Inneren Sicherheit entwickeln zu können.

In der Folge werden nunmehr zusammenfassend die zentralen Erkenntnisse der Arbeit dargestellt, die eingangs formulierten Arbeitshypothesen überprüft und etwaige kriminalstrategische Optimierungspotentiale abgeleitet.

6.1. Wesentliche Erkenntnisse

Die im Rahmen der phänomenologischen Betrachtung gewonnen wesentlichen Erkenntnisse lassen sich in verkürzter Form wie folgt zusammenfassen:[330]

Seit dem Jahr 2005 ist im Hellfeld irregulärer Migration ein leichter und bei Schleusungen ein deutlicher Anstieg erkennbar. Deutschland ist dabei Transit- und zunehmend auch wieder Zielland irregulärer Migration. Im Dunkelfeld sind ähnliche Tendenzen zumindest absehbar. Hinsichtlich des Migrationspotentials ist mit der Zunahme irregulärer Migration aus Afrika nach Europa zu rechnen. Dabei werden Schleusernetzwerke eine deutlich stärkere Bedeutung erhalten, als dies noch heute

329 Vgl. PDV 100, Ziffer 1.1 sowie ausführlich Lapp, Matthias (2010)

330 ausführliche Zusammenfassung siehe Ziffer 4.1

der Fall ist. Insgesamt führt irreguläre Migration zur Bildung von transnationalen Netzwerken, welche die Basis für Folgemigration darstellen und damit Migrationsverstärkungseffekte erzeugen. Im Rahmen dieser Netzwerke entwickeln sich – primär in großstädtischen Räumen – auch breit gefächerte Subgesellschaften in der Illegalität. Nicht zuletzt deshalb nimmt die Bedeutung von sog. Inlandsfeststellungen gegenüber den Feststellungen entlang der Grenzen zu. Gut ausgebaute Verkehrsinfrastrukturen im Inland werden für Schleusungen genutzt. Schleuser sind primär als Netzwerke organisiert und bilden keine hierarchische Organisation. Diese Schleusernetzwerke erfahren eine fortlaufende Professionalisierung und Internationalisierung, was sich auch im Wandel der modi operandi widerspiegelt. Moderne Massenmedien besitzen eine wachsende Bedeutung als ‚Tatanreizmultiplikator' in den Herkunftsländern sowie als ‚Tatanbahnungs- und Tatsteuerungsmedium' für die Schleusernetzwerke. Insgesamt ist Schleusungskriminalität ein Schlüsselkriminalitätsfeld, das regelmäßig mit Begleit- und Folgekriminalität verbunden ist.

Aus diesen Erkenntnissen schlussfolgernd lässt sich festhalten, dass aufgrund ihrer Bedeutung als ‚Schlüsselkriminalität' eine priorisierte Bekämpfung der Schleusungskriminalität erforderlich ist. Dies kann langfristig nur mit einer ganzheitlichen und national wie international vernetzten Bekämpfungsstrategie gelingen. Auf nationaler Ebene bedarf es hierzu einer engen Kooperation zwischen den relevanten Sicherheitsbehörden und den sonstigen mit dem Phänomen befassten Behörden. Letzterem kommt insbesondere bei der Vergabe von Visa und längerfristigen Aufenthaltstiteln eine herausragende Bedeutung zu. Auf internationaler Ebene sind transnationale Konzepte und multilaterale Zusammenarbeit gefragt. Präventive und repressive Maßnahmen müssen bereits in Herkunfts- und Transitländern ansetzen, Kontrollinstanzen im Sinne einer ‚virtuellen Grenze' ins Ausland vorverlagert werden. Daneben ist eine umfassende polizeiliche Fahndungs- und Kontrollarbeit im Inland zum Auffinden von bereits in der Illegalität befindlichen irregulären Migranten erforderlich. Derartige Fahndungsmaßnahmen müssen auf überregionalen Verkehrswegen sowie in Großstädten und Ballungsräumen ansetzen. Weiterhin bedarf es einer stetigen Fortentwicklung von Techniken und hierzu erforderlichen Kompetenzen zum flächendeckenden Erkennen von Urkundenfälschungen sowie zur Identifizierung neuer Fälschungsformen, zur Überwachung der Kommunikation internationaler Schleusernetzwerke sowie zur angemessenen Berücksichtigung des ‚Tatmediums Internet'. Auf polizeilicher Seite erscheint insgesamt ein Akteur erforderlich, der repressive Elemente einer ganzheitlichen Strategie spezialisiert ausfüllt, diese mit deren präventiven Elementen weitest möglich vernetzt, Fahndungs- und Kontrollmaßnahmen im In- und Ausland synchronisiert und auch die mit der Schleusungskriminalität verbundenen Phänomenbereiche in gebotenem Maße berücksichtigt.

Im Lichte dieser Schlussfolgerungen wurde die gegenwärtige strategische Ausrichtung auf internationaler, nationaler sowie auf Behördenebene untersucht. Mit Blick auf die internationale Ausrichtung zur Bekämpfung der Schleusungskriminalität lässt sich insbesondere in entsprechenden multilateralen Übereinkommen und Verträgen eine breite Programmatik erkennen, welche die dargestellten Herausforderungen umfassend berücksichtigt. Bei näherer Betrachtung wird jedoch deutlich, dass noch Optimierungsbedarf in der Umsetzung und Durchgriffswirkung dieser Programme besteht. So wird die erforderliche Ganzheitlichkeit durch eine noch vorhandene ‚Kompetenzzerklüftung' behindert. Ebenso verhält es sich auf nationaler Ebene, wo diese Kompetenzfragmentierungen durch umfangreiche Kooperations- und Vernetzungsbemühungen auszugleichen versucht werden. Positiv erscheinen auf nationaler Ebene die umfangreichen und wirkungsvollen Maßnahmen zur Umsetzung einer internationalen Kooperation. Hierunter sind auch die Verfolgung einer Vorverlagerungsstrategie sowie der damit einhergehende Ausbau ‚externer Kontrollen' zu fassen. Im Inland scheinen umfassende Möglichkeiten zur Durchführung ‚interner Kontrollen' vorhanden. Diese sind jedoch legislativ teilweise zu eng ausgestaltet. Zudem erfolgt zwischen den umsetzenden Behörden keine hinreichende Erkenntnisvernetzung, worunter die Zielgerichtetheit derartiger Kontrollen leidet. Diese Feststellung gilt insbesondere in Bezug auf die Schnittstellen zwischen der Bekämpfung irregulärer Migration und illegaler Beschäftigung. Hier erscheinen Maßnahmen der Auswertung und Analyse sowie der Kontrolle nur unzureichend miteinander verknüpft.

Bei der Untersuchung der relevanten Bundessicherheitsbehörden zeigte sich, dass mit der Bundespolizei eine auf die Bekämpfung irregulärer Migration und Schleusungskriminalität spezialisierte Behörde existiert. Diese verfolgt einen ganzheitlichen strategischen Ansatz zur Vernetzung von Gefahrenabwehr, Fahndung und Strafverfolgung, sinnvoll ergänzt durch eine auslandsbezogene Vorverlagerungsstrategie. Im Rahmen dessen beteiligt sie sich umfangreich an nationalen und internationalen Kooperationsformen, wobei dies gerade auf nationaler Ebene oftmals lediglich der Kompensation von Kompetenzfragmentierungen dient. Durch eine Neuorganisation im Jahre 2008 hat die Bundespolizei ihr Profil gestärkt und auf wesentliche Herausforderungen eingestellt. So wurden insbesondere Fahndungsaktivitäten intensiviert und konzeptionell fortentwickelt. Zudem verfügt die Behörde über eine spezialisierte kriminalpolizeiliche Komponente, die eine wirksame Bekämpfung der Organisierten Schleusungskriminalität ermöglicht.

Das Bundeskriminalamt verfügt bei der Bekämpfung der Schleusungskriminalität nicht über eine originäre Strafverfolgungskompetenz. Es entfaltet daher in diesem Bereich keine Schwerpunktsetzung und Spezialisierung. Angesichts des Profils der Bundespolizei wären derartige Aktivitäten auch unzweckmäßig. Weiterhin wurde offenbar, dass die Finanzkontrolle Schwarzarbeit ihre Maßnahmen zu wenig mit der Bekämpfung irregulärer Migration vernetzt, was angesichts der herausgearbeiteten Phänomenüberschneidungen jedoch insbesondere im Hinblick auf Kontrollmaßnahmen zwingend erforderlich wäre. Bei einem Querblick auf die Aktivitäten der Polizeien der Länder zeigte sich, dass sich diese zunehmend aus der Bekämpfung der Schleusungskriminalität zurückziehen.

Im Rahmen der vorliegenden Arbeit wurden auch bereits in der Diskussion befindliche Ansätze zur Optimierung der Arbeit der Sicherheitsbehörden auf Bundesebene im Lichte der Untersuchungsfragstellung analysiert. Danach erscheint bei der Bekämpfung der Schleusungskriminalität eine nicht selten ins Feld geführte generelle Stärkung des Bundes im Rahmen verfassungsrechtlicher Grenzen lediglich punktuell sinnvoll, da mit der Bundespolizei bereits eine umfassend zuständige Sicherheitsbehörde existiert. Die durch die ‚Werthebach-Kommission' vorgeschlagene Fusion von Bundespolizei und Bundeskriminalamt wurde ausschließlich im Hinblick auf die Bekämpfung der Schleusungskriminalität bewertet. In diesem Kontext birgt sie sowohl Gefahren als auch Potentiale. Sie erschiene dann erwägenswert, wenn der phänomenbezogene ganzheitliche Ansatz und die Spezialisierung der Bundespolizei erhalten bleiben und die Bekämpfung der Schleusungskriminalität dabei nicht einer Priorisierung zu Gunsten anderer Kriminalitätsfelder zum Opfer fällt. Eine weitere Empfehlung der ‚Werthebach-Kommission', die Verfolgung schwerer und Organisierter Kriminalität aus der Bundespolizei herauszulösen und dem Bundeskriminalamt zu übertragen, ist hingegen abzulehnen. Dies würde den ganzheitlichen Ansatz der Bundespolizei zerstören und hierdurch absehbar Qualitätseinbußen bei der Bekämpfung der Schleusungskriminalität nach sich ziehen. Stattdessen sollte die Anregung der Kommission, die im § 12 BPolG normierte Strafverfolgungskompetenz der Bundespolizei unter Einbeziehung der Länder insbesondere im Hinblick auf eine Zuständigkeitserweiterung für Inlandsfeststellungen irregulärer Migration zu überarbeiten, verfolgt werden. Die tendenziell kritische Bewertung der Finanzkontrolle Schwarzarbeit seitens der ‚Werthebach-Kommission' kann im Ergebnis der Arbeit geteilt werden.

6.2. Wesentlicher Optimierungsbedarf

Aus den dargestellten zentralen Erkenntnissen der Arbeit ist ein Optimierungsbedarf für die strategische Ausrichtung zur Bekämpfung der Schleusungskriminalität ableitbar. Dieser lässt sich auf die folgenden wesentlichen Punkte zusammenfassen:

a. Auf internationaler Ebene bedarf es einer weitergehenden Kompetenzbündelung. Hier sind eine Fortentwicklung der europäischen Grenzschutzagentur FRONTEX sowie phänomenbezogen ein integrativeres Zusammenwirken dieser mit dem europäischen Polizeiamt EUROPOL erforderlich. Weiterhin erscheinen internationale Übereinkommen und Programme hinsichtlich ihrer Bindungs- sowie Durchgriffswirkung auf konkrete Bekämpfungsstrategien und -maßnahmen optimierungsbedürftig.

b. Auf nationaler Ebene ist das Erfordernis einer Kompetenzbündelung noch deutlich stärker, um eine wirkungsvolle und effiziente internationale Zusammenarbeit gewährleisten zu können. Hierzu gilt es, die bereits spezialisierte Bundespolizei als zentralen Akteur weiter kompetenzrechtlich zu stärken und dieser eine faktische Zentralstellenfunktion für die Bekämpfung der Schleusungskriminalität zuzuschreiben.

c. Der ganzheitliche und spezialisierte Ansatz der Bundespolizei muss weiter gestärkt werden. Dies erfordert insbesondere eine Erweiterung der Strafverfolgungskompetenz der Bundespolizei um sogenannte ‚Inlandsfeststellungen' irregulärer Migration. Zudem sollten mit irregulärer Migration in direktem Zusammenhang stehende Begleit- und Folgestraftaten[331] noch stärker in das Kompetenzgefüge der Bundespolizei einbezogen werden.[332]

d. Die räumliche Beschränkung der Binnengrenzfahndung auf einen 30km- bzw. 50km-Bereich entlang der Grenzlinie ist nicht mehr zeitgemäß. Im Sinne einer wirksamen Fahndung nach irregulären Migranten und Schleusungen bedarf es einer Aufhebung dieser Beschränkung. Stattdessen sollten sich Fahndungsmaßnahmen stärker auf die Hauptverkehrsinfrastruktur sowie auf Großstädte und Ballungsräume konzentrieren.

e. Die Kontroll- und Überprüfungsmaßnahmen der verschiedenen vom Phänomen tangierten Behörden im Inland bedürfen zur Erhöhung ihrer Zielgerichtetheit sowie zum Erkennen von Tat- und Täterzusammenhängen einer stärkeren Erkenntnisanalyse und -vernetzung. Dies betrifft insbesondere die Erkenntnisse der Bundespolizei, der Sozial- und Ausländerbehörden sowie der Behörden zur Bekämpfung von Schwarzarbeit.

f. Es erscheint zwingend erforderlich, die Maßnahmen zur Bekämpfung irregulärer Migration mit denen zur Bekämpfung der illegalen Beschäftigung insbesondere im Hinblick auf die Durchführung von Kontrollen sowie die Standardisierung des Erkenntnisaustausches

---

331 so etwa Fälle des Menschenhandels sowie der illegalen Beschäftigung

332 Vgl. hierzu ausführlich auch Baumbach, Jörg; Pfau, Markus (2011, S. 778)

stärker zu verknüpfen. Im Sinne einer ganzheitlichen Betrachtung der ‚Illegalität' sollte die Finanzkontrolle Schwarzarbeit entweder in die Bundespolizei eingegliedert werden oder stärker im Rahmen einer institutionalisierten operativen Zusammenarbeit mit dieser kooperieren.

g. Bekämpfungsmaßnahmen müssen sich in noch stärkerem Maße auf ‚Legendierte Schleusungen' und das Erschleichen von Aufenthaltstiteln konzentrieren. Hierzu gilt es neben weiteren geeigneten Maßnahmen insbesondere polizeiliche Erkenntnislagen in die Entscheidungsprozesse zur Vergabe von Aufenthaltstiteln im Inland sowie bei den konsularischen Vertretungen im Ausland einzubeziehen und das polizeiliche Kontrollverhalten stärker phänomenorientiert auszurichten.

h. Kriminalpräventive Maßnahmen im In- und Ausland zur Bekämpfung irregulärer Migration und Schleusungskriminalität bedürfen einer Intensivierung. Hierbei sollten auch nicht-staatliche Akteure (NGO) einbezogen werden, um nicht zuletzt die Akzeptanz der Bevölkerung für polizeiliche Bekämpfungsmaßnahmen zu erhöhen.

6.3. Validität der Arbeitshypothesen

Zu Beginn der Arbeit wurden unter Ziffer 2.3 drei Arbeitshypothesen formuliert, die bei der Untersuchung eine präzisierende Richtschnur bilden sollten. Nach nunmehr abgeschlossener Untersuchung sollen diese abschließend im Hinblick auf ihre Validität betrachtet werden.

I. *Die Schleusungskriminalität ist heute ein Schlüsselhandlungsfeld Organisierter Kriminalität. Ihre wirksame Bekämpfung zerschlägt OK-Täterstrukturen und führt dadurch zu einer nachhaltigen Präventivwirkung auch in anderen Kriminalitätsfeldern.*

Im Rahmen der Untersuchung konnte belegt werden, dass Schleusungskriminalität nach wie vor und in wieder zunehmendem Maße ein Handlungsfeld der internationalen Organisierten Kriminalität darstellt. Weiterhin wurde aufgrund umfangreicher Schnittstellen zu anderen Kriminalitätsfeldern deren Rolle als ‚Schlüsselkriminalität' herausgearbeitet.

Es ist somit sehr wahrscheinlich, dass die Zerschlagung von Schleusernetzwerken durch eine priorisierte Bekämpfung dieses Kriminalitätsfeldes eine Aktion dieser Netzwerke in anderen OK-Handlungsfeldern unterbindet und somit Präventivwirkung besitzt. Die Arbeitshypothese kann damit als ‚belegt' betrachtet werden.

II. Der ganzheitliche Ansatz der Bundespolizei zur Bekämpfung der Schleusungskriminalität ist nicht vereinbar mit dem für die Bekämpfung der Organisierten Kriminalität empfohlenen ‚Unternehmensansatz'.

Die Bundespolizei hat sich als wesentlicher Akteur auf die Bekämpfung der Schleusungskriminalität und irregulären Migration spezialisiert. Präventive wie repressive Maßnahmen erfolgen daher phänomenorientiert. Dies umfasst auch die schwere und Organisierte Schleusungskriminalität. Insofern erfolgen Ermittlungen gegen Tätergruppierungen zunächst im Hinblick auf deren Strukturen und Infrastrukturen nicht deliktunabhängig sondern tatkomplexorientiert. Bei deliktübergreifendem Agieren der Tätergruppierungen wird entweder die Landespolizei in Form gemeinsamer Ermittlungsgruppen einbezogen oder aber der Ermittlungsauftrag der Bundespolizei nach Tatschwerpunkt durch die sachleitende Staatsanwaltschaft entsprechend erweitert. Insofern entspricht das phänomenorientierte Vorgehen der Bundespolizei zwar zunächst nicht dem ‚Unternehmensansatz', dies wird jedoch anlass- und verfahrensbezogen durch entsprechende Maßnahmen kompensiert.

III. Die aus den phänomenologischen Entwicklungen im Bereich der Schleusungskriminalität erwachsenen Herausforderungen erfordern auf die Bekämpfung der Schleusungskriminalität (und irregulären Migration) spezialisierte Interventionsprozesse auf Bundesebene, welche die Wechselwirkungen regulärer und irregulärer Migration berücksichtigen.

In der Untersuchung wurden u.a. die Wechselwirkungen regulärer und irregulärer Migration aufgezeigt.[333] Bekämpfungskonzepte gegen die irreguläre Migration müssen daher stets mit den Maßnahmen zur Steuerung der regulären Migration abgestimmt und vernetzt werden. Überdies müssen Erkenntnisse zu Tendenzen regulärer Migration auch in

[333] insbesondere in Bezug auf ‚Transformationsprozesse in sozialen Räumen' (Ziffer 3.2.4) und der ‚Lebenssituation irregulärer Migranten (Ziffer 3.8)

polizeiliche Analysen und Maßnahmenplanungen einbezogen werden. Insofern wurde im Rahmen der Arbeit auch diese Arbeitshypothese belegt. Aufgrund des primär polizeilichen Fokus der Untersuchung konnte allerdings nicht näher betrachtet werden, wie derartige Interventionsprozesse konkret ausgestaltet werden könnten. Hier besteht noch weiterer Forschungsbedarf.

7. Ausblick

„Es ist eine fortwährende Aufgabe, staatliche Handlungsmöglichkeiten an neu entstandenes Kriminalitätsverhalten anzupassen, damit der Staat seine Kernaufgabe, Sicherheit zu gewährleisten, weiterhin effektiv erfüllen kann."[334] In diesem Sinne wird sich der im Wesentlichen seit Mitte des vergangenen Jahrzehnts laufende Prozess einer Umorganisation der Institutionen, die für die Herstellung und Erhaltung ‚Innerer Sicherheit' zuständig sind, auch in Zukunft fortsetzen.[335] Dies gilt umso mehr in Zeiten internationalisierter und hoch dynamischer Kriminalitätsphänomene mit netzwerkartigen Täterstrukturen. Die Aufweichung der Grenzen polizeilicher Sicherheitsakteure sowie die Bildung effizienter und flexibler Netzwerke von in ihren Kompetenzen spezialisierten Sicherheitsbehörden sind wesentlicher Teil dieses Anpassungsprozesses. Es bedarf daher einer ständigen und fortlaufenden Analyse der phänomenologischen Entwicklungen in den relevanten Kriminalitätsfeldern unter ganzheitlichen Gesichtspunkten, um die strategische Ausrichtung der einzelnen Behörden sowie des gesamten Sicherheitsnetzwerkes auf Basis dabei gewonnener Erkenntnisse fortzuentwickeln.

Mit der vorliegenden Arbeit wurde eine solche Analyse für die als ‚Schlüsselkriminalitätsfeld' identifizierte Schleusungskriminalität vorgenommen und darauf basierende Schlussfolgerungen für die strategische Ausrichtung ausgewählter Bundessicherheitsbehörden gezogen. Angesichts des per se begrenzten Umfangs des wissenschaftlichen Formats ‚Masterarbeit' konnte hierbei allerdings nicht jeder Teilaspekt in der erforderlichen Tiefe erforscht werden. Die Untersuchung hinterlässt daher weiteren Forschungsbedarf. In Bezug auf die kriminologisch-phänomenologische Betrachtung ist dies in erster Linie eine tiefergehende Analyse der Schnittmengen der Schleusungskriminalität zu anderen Kriminalitätsfeldern, insbesondere zum breiten Feld des Ausländerterrorismus und seiner Sonderform des islamistischen Terrorismus. Wie festgestellt, herrscht hier ein großer Mangel an belastbaren empirischen Erkenntnissen.

---

334 De Maiziere, Thomas (2009, S. 9)

335 Vgl. hierzu auch Stegmaier, Peter; Feltes, Thomas (2007, S. 18)

Im Hinblick auf kriminalstrategische Fragen bedarf es im Rahmen weiterer Forschungen einer näheren Untersuchung von Möglichkeiten der engeren Verknüpfung der Maßnahmen zur Steuerung regulärer Migration mit denen zur Bekämpfung irregulärer Migration. Weiterhin sollten angesichts des festgestellten Wandels in Bezug auf die modi operandi der Schleusungskriminalität mögliche Maßnahmen zur optimierten Bekämpfung von ‚Legendierten Schleusungen' sowie des Erschleichens von Aufenthaltstiteln näher betrachtet werden. Abschließend vermochte es diese Arbeit in Ermangelung entsprechender Quellen nicht, Formen sowie Wirksamkeit der Berücksichtigung des Internets als ‚Tatmedium' und Ermittlungsinstrument durch die Sicherheitsbehörden zu erforschen. Da gerade dies als wesentliche phänomenbezogene Herausforderung identifiziert wurde, sind hierzu weiterer Untersuchungen notwendig.

Diesen Forschungsbedarf gilt es im Rahmen weiterer thematischer Befassungen mit der Bekämpfung der Schleusungskriminalität unter wissenschaftlichen Gesichtspunkten aufzugreifen, um hierdurch die phänomenbezogenen Interventionsstrategien der Sicherheitsbehörden weiter zu optimieren.

Literatur- und Quellenverzeichnis

Abou Chabkaé, Tarek Armando (2000): Irreguläre Migration und Schleusertum. Im Wechselspiel von Legalität und Illegalität. In: Husa, Karl; Parnreiter, Christof; Stacher, Irene (Hg.): Internationale Migration: Globale Herausforderung des 21. Jahrhunderts. Wien: Südwind (Journal für Entwicklungspolitik Ergänzungsband, 9), S. 123–143.

Albrecht, Hans-Jörg (2002): Eine Kriminologische Einführung zu Menschenschmuggel und Schleusungskriminalität. In: Minthe, Eric (Hg.): Illegale Migration und Schleusungskriminalität. Wiesbaden: KrimZ, Kriminologische Zentralstelle e.V. (Kriminologie und Praxis - Schriftenreihe der Kriminologischen Zentralstelle e.V.), S. 29-53.

Alt, Jörg (2003): Leben in der Schattenwelt - Problemkomplex "illegale" Migration - Ergebniszusammenfassung. Neue Erkenntnisse zur Lebenssituation illegaler Migranten aus München und anderen Orten Deutschlands. Karlsruhe: Loeper.

Angenendt, Steffen (2007): Irreguläre Migration als internationales Problem. Risiken und Optionen. SWP-Studie, Stiftung Wissenschaft und Politik. Berlin: Deutsches Institut für Internationale Politik und Sicherheit.

Baumbach, Jörg; Spang, Thomas (2002): Mobilität der Schleusungskriminalität. In: Mobilität und Kriminalität - die Straße als Tatort. Dresden: Sächsisches Dr.- und Verl.-Haus (Schriftenreihe der Polizei-Führungsakademie, 2002,4). S. 28-56.

Baumbach, Jörg, Pfau, Markus (2011): Kriminalitätsbekämpfung durch die Bundespolizei. Entwicklung und Perspektiven im Jubiläumsjahr 2011. In: Kriminalistik. Jg. 65. H. 12, S. 771-780.

Berthel, Ralph (2003): Wie aussagekräftig ist das Zahlenwerk? Eine Replik auf den Beitrag Möglichkeiten und Grenzen des Aussagewerts Polizeilicher Kriminalstatistiken von Dr. Reinhard Scholzen. In: Die Polizei. Jg. 94. H. 10, S. 283-289.

Berthel, Ralph (2005): Kriminalstrategie gestern und heute. Eine Betrachtung zur Entwicklung einer Teildisziplin der Kriminalistik zu ihren Wurzeln und Perspektiven. Teil 2. In: Kriminalistik. Jg. 59. H. 12, S. 708-716.

Berthel, Ralph (2006): Der kriminalstrategische Problemlösungsprozess. Ein Orientierungsrahmen. Stuttgart: Boorberg.

Blümel, Karl-Heinz; Drewes, Michael; Malmberg, Karl M.; Walter, Bernd (2006): Bundespolizeigesetz. Boorberg Taschenkommentare. 3. neu bearbeitete Auflage. Stuttgart: Richard-Boorberg-Verlag.

Borchers, Kevin (2008): Die Datenlage im Bereich der internationalen Migration. Europa und seine Nachbarregionen. Working Paper 18 der Forschungsgruppe des Bundesamtes. Nürnberg: Bundesamt für Migration und Flüchtlinge.

Brücker, Herbert (2003): Schätzung des Migrationspotentials. In: Brücker, Herbert et al (Hrsg.). Migration: Potentiale und Effekte für den deutschen Arbeitsmarkt. Berlin.

Bundesamt für Migration und Flüchtlinge (2011): Aktuelle Zahlen zu Asyl. Ausgabe Juni 2011. Nürnberg. Online verfügbar unter *http://www.integrationindeutschland.de/nn_442496/SharedDocs/Anlagen/DE/DasBAMF/Downloads/-Statistik/statistik-anlage-teil-4-aktuelle-zahlen-zu-asyl,templateId=raw,property=publicationFile.pdf/statistik-anlage-teil-4-aktuelle-zahlen-zu-asyl.pdf;* zuletzt geprüft am 15.11.2011.

Bundeskriminalamt (1991): Organisierte Kriminalität in einem Europa durchlässiger Grenzen. Arbeitstagung des Bundeskriminalamtes Wiesbaden vom 6. - 9. November 1990. Wiesbaden: Bundeskriminalamt.

Bundeskriminalamt (1991-2010): Polizeiliche Kriminalstatistik (PKS). Wiesbaden. Online verfügbar unter *http://www.bka.de/nn_205960/DE/ Publikationen /Polizeiliche Kriminalstatistik/pks_node.html?_nnn=true;* zuletzt geprüft am 09.10.2011.

Bundeskriminalamt (1999-2010): Bundeslagebilder Menschenhandel. Wiesbaden. Online verfügbar unter *http://www.bka.de/nn_193360/DE/ Publikationen/JahresberichteUndLagebilder/Menschenhandel/menschenhandel__node.Html?_nnn =true;* zuletzt geprüft am 06.10.2011.

Bundeskriminalamt (2000-2010): Bundeslagebilder Organisierte Kriminalität. Wiesbaden. Online verfügbar unter *http://www.bka.de/nn_193370/DE/ Publi kationen /JahresberichteUndLagebilder/OrganisierteKriminalitaet/organi sierteKriminalitaet_node.html?_nnn=true;* zuletzt geprüft am 06.10.2011.

Bundesministerium des Innern; Bundesministerium der Justiz (Hg.) (2001): Erster Periodischer Sicherheitsbericht. Berlin. Online verfügbar unter *http://www.bmi.bund.de/SharedDocs/Downloads/DE/Veroeffentlichungen/erster_periodischer_sicherheitsbericht_langfassung_de.html?nn=246796;* zuletzt geprüft am 24.09.2011.

Bundesministerium des Innern; Bundesministerium der Justiz (Hg.) (2006): Zweiter Periodischer Sicherheitsbericht. Berlin. Online verfügbar unter *http://www.bmi.bund. de/SharedDocs/Downloads/DE/Veroeffentlichungen/2_periodischer_sicherheitsbericht_langfassung_de.pdf?_blob=publicationFile;* zuletzt geprüft am 24.09.2011.

Bundesministerium des Innern (Hg.) (2009): Der erweiterte Schengenraum - eine Bilanz für Deutschland. Online verfügbar unter *http://www.bmi. bund.de/SharedDocs/Downloads/DE/Themen/Politik_Gesellschaft/EuropaInternationales/schengen_bilanz.html?nn=247034;* zuletzt geprüft am 09.09.2011.

Bundespolizeipräsidium (2011): Phänomenbezogene Daten der Polizeilichen Eingangsstatistik (PES) der Bundespolizei 1995-2010. Potsdam: Bundespolizeipräsidium.

Busch, Heiner (1995): Grenzenlose Polizei? Neue Grenzen und polizeiliche Zusammenarbeit in Europa. Münster: Westfälisches Dampfboot.

Büschges, Günter; Abraham, Martin (1997): Einführung in die Organisationssoziologie. Stuttgart: Teubner.

Castles, Stephen; Miller, Mark (1998): The age of migration. International population movements in the modern world. New York.

Cyrus, Norbert (2004): Aufenthaltsrechtliche Illegalität in Deutschland Strukturbildung – Wechselwirkungen – Politische Optionen. Bericht für den Sachverständigenrat für Zuwanderung und Integration. Oldenburg. Online verfügbar unter *http://www.bagfw.de/uploads/tx_twpublication/Illegale_Bagfw_100305web.pdf;* zuletzt geprüft am 29. August 2011.

Degenhart, Christoph (2010): Staatsrecht I – Staatsorganisationsrecht. 26. Auflage. Heidelberg: Müller-Verlag.

De Maiziere, Thomas (2009): Eröffnungsansprache zur Herbsttagung des Bundeskriminalamtes am 25./26.11.2009. Online verfügbar unter *http://www.bmi.bund.de/cln_095/SharedDocs/Reden/DE/2009/11/bka_herbstta-gung.html?nn =109628,* zuletzt geprüft am 17.05.2010.

Deutscher Bundestag (2011): Das Gemeinsame Analyse- und Strategiezentrum illegale Migration - Sachstand 2011. Antwort der Bundesregierung auf die Kleine Anfrage der Fraktion BÜNDNIS 90/DIE GRÜNEN. Drucksache 17/6720.

Entwicklungsprogramm für die Vereinten Nationen (2009): Bericht über die menschliche Entwicklung 2009. Barrieren überwinden: Migration und menschliche Entwicklung. Deutsche Gesellschaft für die Vereinten Nationen. Berlin. Online verfügbar unter *http://hdr.undp.org/en/media/HDR_ 2009_ DE_ Complete.pdf;* zuletzt geprüft am 14. September 2011.

Einemann, Jörg (2002): Schleusungskriminalität. Neue Wege der Bekämpfung von unerlaubten Einreisen und Schleusungen. In: Kriminalistik. Jg. 56. H. 1, S. 39-42.

Europäische Kommission (2009): Clandestino Forschungsprojekt. Das Zählen des Unzählbaren: Daten und Trends in Europa. Kurzdossier Deutschland. Online verfügbar unter *http://irregular-migration.hwwi.de/typo3_upload/groups /31/4.Background_Information/4.3.Policy_Briefs_NATIONAL/Germany_PolicyBrief_ Clandestino_Nov09_2_de.pdf;* zuletzt geprüft am 14. September 2011.

Europäischer Rat (1999): Schlussfolgerungen von des Vorsitzes von Tampere vom 15. und 16. Oktober 1999. Online verfügbar unter *http://www.europarl. europa.de/ summits/tam_de.htm;* zuletzt geprüft am 31. August 2011.

Europäischer Rat (2003): Schlussfolgerungen von des Vorsitzes von Thessaloniki vom 19. und 20. Juni 2003. Online verfügbar unter *http://www.unhcr.ch- /include/fckeditor/custom/file/protection/EU%20Allemand/EU_G_Theassaloniki.pdf;* zuletzt geprüft am 31. August 2011.

Europäischer Rat (2009): Stockholmer Programm – Ein offenes und sicheres Europa im Dienste und zum Schutz der Bürger. Vom 10. und 11. Dezember 2009 (17024/09). Online verfügbar unter *http://register.consilium.europa.eu/pdf/de/09/st17/st1702 4.de09.pdf;* zuletzt geprüft am 07. September 2011.

Europäische Union (2011): Richtlinie 2011/36/EU des europäischen Parlaments und des Rates vom 5. April 2011 zur Verhütung und Bekämpfung des Menschenhandels und zum Schutz seiner Opfer sowie zur Ersetzung des Rahmenbeschlusses 2002/629/JI des Rates.

Falk, Bernhard (2002): Grußwort zur Fachtagung "Illegale Migration und Schleusungskriminalität" am 22. und 23. November 2001 in Dresden. In: Minthe, Eric (Hg.): Illegale Migration und Schleusungskriminalität. Wiesbaden: KrimZ, Kriminologische Zentralstelle e.V. (Kriminologie und Praxis - Schriftenreihe der Kriminologischen Zentralstelle e.V.), S. 13-16.

Future Group (2008): Freiheit, Sicherheit, Privatheit. Europäische Innenpolitik in einer offenen Welt. Bericht der informellen hochrangigen beratenden Gruppe zur Zukunft der Europäischen Innenpolitik. Berlin: Bundesministerium des Innern. Online verfügbar unter *http://www.bmi.bund.de/cae/servlet-/contentblob/128602/publicationFile/15773/European_home_affairs_executive_final_report_de.pdf;* zuletzt geprüft am 25. August 2011.

Gade, Gunther D.; Kieler, Marita (2008): Polizei und Föderalismus. Aufgabenfelder der Bundes- und Landespolizeien im verfassungsrechtlichen Gefüge der Bundesrepublik Deutschland. Stuttgart: Kohlhammer.

Gatti, Fabrizio (2009): Bilal – Als Illegaler auf dem Weg nach Europa. München: Verlag Antje Kunstmann.

Gatzke, Wolfgang (2009): Organisierte Kriminalität. Kein nationales, ein gesamteuropäisches Phänomen – Thesen zu einer rhetorischen Frage. In: Kriminalistik, Jg. 63, H. 3, S. 142-143.

Grafl, Christian (2009): Migration und Kriminalität. In: Schneider, Hans Joachim (Hg.): Internationales Handbuch der Kriminologie. Band 2 – Besondere Probleme der Kriminologie. Berlin: De Gruyter. S. 435-453.

Grande, Edgar (2003): Vom Nationalstaat zum transnationalen Politikregime – Staatliche Steuerungsfähigkeit im Zeitalter der Globalisierung. In: Grande, Edgar; Prätorius, Rainer (Hg.): Politische Steuerung und neue Staatlichkeit. Baden-Baden. S.283-297.

Hansen, Udo (2002): Grenzpolizeiliche Möglichkeiten bei der Bekämpfung der illegalen Migration und der Schleusungskriminalität unter besonderer Berücksichtigung der EU-Osterweiterung. In: Minthe, Eric (Hg.): Illegale Migration und Schleusungskriminalität. Wiesbaden: KrimZ, Kriminologische Zentralstelle e.V. (Kriminologie und Praxis - Schriftenreihe der Kriminologischen Zentralstelle e.V.), S. 79-91.

Hassemer, Winfried (1973): Kriminologie. Heidelberg: C.F. Müller Verlag.

Heckmann, Friedrich (2003): Mafiastrukturen? Organisationsformen von Menschenschmuggel. In: Bundesamt für die Anerkennung ausländischer Flüchtlinge (Hg.): 50 Jahre Behörde im Wandel. Band 11 der Schriftenreihe „Migration, Flüchtlinge und Integration". Nürnberg: Bundesamt für die Anerkennung von Flüchtlingen. S. 138-155.

Heckmann, Friedrich (2004): Menschenschmuggel. Expertise im Auftrag des Sachverständigenrats für Zuwanderung und Integration. Unter Mitarbeit von Matthias Neske und Stefan Rühl. Online verfügbar unter *http://www.integration-in-deutschland.de/nn1522666/SharedDocs/Anlagen/DE/Migration/Downloads/Zuwanderungsrat/exp-heckmann-zuwanderungsrat,templateId=raw,property=publicationFile.pdf/exp-heckmann-zuwanderungsrat.pdf;* zuletzt geprüft am 04. September 2011.

Hellenthal, Markus (1997): Grenzsicherheit – ein Baustein der inneren Sicherheit. Das grenzpolizeiliche Gesamtkonzept des Bundesgrenzschutzes. In: Kriminalistik. Jg. 51. H. 2. S. 123-129.

Herz, Annette L.; Minthe, Eric (2006): Straftatbestand Menschenhandel. Verfahrenszahlen und Determinanten der Strafverfolgung. Wiesbaden: Bundeskriminalamt.

Heuer, Jörg; Nagel, Lars-Marten (2011): Griechische Grenzerfahrung. In: Hamburger Abendblatt. Ausgabe vom 15./16.01.2011. S.6.

Hiller, Klaus (2006): Herausforderungen und Problemlagen bei konkreten Ermittlungsverfahren – Handlungserfordernisse im Bereich Menschenhandel / Schleusung. Vortrag BKA-Herbsttagung am 15. November 2006. Online verfügbar unter *http://www.bka.de/nn_193610/DE/ Publikationen/Herbsttagungen /2006/herbst tagung2006__node.html?__nnn=true;* zuletzt geprüft am 11. Oktober 2011.

Hödl, Gerald; Husa, Karl; Parnreiter, Christof; Stacher, Irene (2000): Internationale Migration – Globale Herausforderung des 21. Jahrhunderts. In: Husa, Karl; Parnreiter, Christof; Stacher, Irene (Hg.): Internationale Migration: Globale Herausforderung des 21. Jahrhunderts. Wien: Südwind. S. 9-24.

Husa, Karl; Wohlschlägl, Helmut (2000): Entwicklungstendenzen der internationalen Arbeitsmigration in Südost- und Ostasien. In: Husa, Karl; Parnreiter, Christof; Stacher, Irene (Hg.): Internationale Migration: Globale Herausforderung des 21. Jahrhunderts. Wien: Südwind. S. 247-279.

Husa, Karl; Parnreiter, Christof; Stacher, Irene (Hg.) (2000): Internationale Migration: Globale Herausforderung des 21. Jahrhunderts. Wien: Südwind.

Innenministerium des Landes Brandenburg (2010): Bericht der Kommission Polizei Brandenburg 2020. Online verfügbar unter *http://www.mi.brandenburg.de/-cms/detail.php/bb1.c.218039.de;* zuletzt geprüft am 12. Oktober 2011.

International Centre for Migration Policy Development (1999): Study on the realtionship between organized crime and trafficking in aliens. Wien

International Organization for Migration (2010): World Migration Report 2010. The Future of Migration: Building Capacities for Change. Genf. Online verfügbar unter *http://publications.iom.int/bookstore/free/WMR_2010ENGLISH-.pdf;* zuletzt geprüft am 24. September 2011.

Iselin, Brian; Adams Melanie (2003): Distinguishing between Human Trafficking and Peoüle Smuggling. Bangkok: UN Office of Drugs and Crime.

Kappelhoff, Peter (1999): Der Netzwerkansatz als konzeptueller Rahmen für eine Theorie interorganisationaler Netzwerke. In: Sydow, J.; Windeler, A. (Hg.): Steuerung von Netzwerken. Opladen: Leske & Budrich. S. 25-57.

Kass, Rüdiger (2006): Grenzschutz in einem offenen Europa – die grenzpolizeiliche Arbeit der Bundespolizei. Rede BKA–Herbsttagung am 15. November 2006. Online verfügbar unter *http://www.bka.de/nn_193610/DE/Publikationen/Herbsttagungen/ 2006/herbsttagung2006__node.html?__nnn=true;* zuletzt geprüft am 11. Oktober 2011.

Kepura, Jürgen (2002): Kontrollierte Schleusung – Annäherung an einen Begriff und eine Problemstellung. In: Der Kriminalist. H. 11/02. S. 438-441.

Kepura, Jürgen (2007): Menschenhandel - Die Perspektive bestimmt die Sicht. In: Kriminalistik. Jg. 61. H. 4. S. 256-262.

Kepura, Jürgen (2010): Deutsche Grenzsicherheit im entgrenzten Europa. Auf dem Weg zu einer europäischen Grenzsicherheitsarchitektur. In: Deutsches Polizeiblatt. Jg.28. H.3, S. 2-6.

Kepura, Jürgen; Niechziol, Frank (2011): Irreguläre Migration – Immer mal wieder oder immer ein Thema?. In: Kriminalistik. Jg. 65. H. 8-9, S. 543-549.

Kommission „Evaluierung Sicherheitsbehörden" (2010): Kooperative Sicherheit. Die Sonderpolizeien des Bundes im föderalen Staat. Bericht und Empfehlungen der Kommission „Evaluierung Sicherheitsbehörden". Online verfügbar unter *http://www.bmi.bund.de/SharedDocs/Downloads/DE/Themen/Sicherheit/Bundespolizei/werthebach_1.pdf? blob=publicationFile;* zuletzt geprüft am 14. Oktober 2011.

Kugelmann, Dieter (Hg.) (2010): Polizei unterm Grundgesetz. Baden-Baden: Nomos.

Kugelmann, Dieter (2010): Europäisierung der Verfassung - Europäisierung der Polizeiarbeit. In: Kugelmann, Dieter (Hg.): Polizei unterm Grundgesetz. Baden-Baden: Nomos. S. 91-119.

Lapp, Matthias (2010): Kriminalstrategie – Eine Einführung. Münster, November 2008. (unveröffentlicht, liegt dem Verfasser vor).

Lawrence, Richard; Hesse, Mario (2010): Juvenile Justice. The Essentials. Washington: Sage Publications.

Lee, Everett S. (1972): Eine Theorie der Wanderung. In: György, Széll (Hrsg.), Regionale Mobilität. München. S. 115-129.

Martin, Phillip L.; Widgren, Jonas (2002): International migration: Facing the challenge. Washington: Population Reference Bureau.

Massey, Douglas S. et al. (1993): Theories of International Migration: A Review and Appraisal. In: Population and Development Review 19, No. 3, S. 431-466.

Massey, Douglas S. (2000): Einwanderungspolitik für ein neues Jahrhundert. In: Husa; Parnreiter; Stacher (Hg.): Internationale Migration – Globale Herausforderung des 21. Jahrhunderts. Wien: Südwind. S. 53-76.

Minthe, Eric (2002a): Illegale Migration und Schleusungskriminalität. Wiesbaden: KrimZ, Kriminologische Zentralstelle e.V..

Minthe, Eric (2002b): Illegale Migration und Schleusungskriminalität: Einige einführende Anmerkungen. In: Minthe, Eric (Hg.): Illegale Migration und Schleusungskriminalität. Wiesbaden: KrimZ, Kriminologische Zentralstelle e.V.. S. 17-28.

Möllers, Martin H. W.; Van Ooyen, Robert Chr (2008): Bundeskriminalamt, Bundespolizei und "neue" Sicherheit. In: Aus Politik und Zeitgeschichte. H. 48/2008, S. 26–32. Online verfügbar unter *http://www.bpb.de/publikationen-/5LB3IS,0,0, Polizei.html;* zuletzt geprüft am 14.10.2011.

Neske, Matthias (2007): Menschenschmuggel. Deutschland als Transit- und Zielland irregulärer Migration. Stuttgart: Lucius & Lucius.

Niechziol, Frank (2007): Schleusungskriminalität - Nationale und internationale Bekämpfungsansätze. Unter besonderer Berücksichtigung der grenzüberschreitenden Zusammenarbeit zwischen deutscher Bundespolizei, tschechischer Fremden- und Grenzpolizei sowie polnischem Grenzschutz. In: Polizei-heute, Jg. 36, H. 4, S. 124-132.

Nowotny, Kerstin (2002): Schleusungskriminalität aus staatsanwaltschaftlicher Sicht. In: Minthe, Eric (Hg.): Illegale Migration und Schleusungskriminalität. Wiesbaden: KrimZ, Kriminologische Zentralstelle e.V.. S. 93-104.

Oberloher, Robert F. (2007): Transnationale Herausforderungen durch Schleusungskriminalität mit OK-Bezug. In: Polizei-heute, Jg. 36, H. 4, S. 119-123.

Piore, Michael J. (1971): The Dual Labor Market: Theory and Implications. In: Gorden, D.M. (Hrsg.): Problems in Political Economy. Lexington/MA. S. 90-94.

Piore, Michael J. (1979): Birds of Passage: Migrant Labor in Industrial Societies. Cambridge.

Powell, Walter W. (1996): Weder Markt noch Hierarchie: Netzwerkartige Organisationsformen. In: Kenis, P.; Kenis, V. (Hg.): Organisation und Netzwerke: Institutionelle Steuerung in Wirtschaft und Politik. Frankfurt/Main – New York: Campus. S. 31-56.

Pütter, Norbert (2009): Organisierte Kriminalität und der Strukturwandel der Polizei. In: *Smidt, Wolbert K.; Poppe, Ulrike (2009) (Hg.):* Fehlbare Staatsgewalt – Sicherheit im Widerstreit mit Ethik und Bürgerfreiheit. Berlin-Münster: LIT-Verlag. S. 135-148.

Ring, Bernhard (2002): Schleusungskriminalität aus tatrichterlicher Sicht. In: Minthe, Eric (Hg.): Illegale Migration und Schleusungskriminalität. Wiesbaden: Kriminologische Zentralstelle. S. 105-123.

Ritter, Markus (1999): Polizeiliche Notwendigkeit und rechtliche Zulässigkeit des Aufbaus einer Bundespolizei im föderativen Deutschland. Münster: LIT-Verlag.

Rupp, Michael (2010): Der neue Weg. Von der stationären Grenzkontrolle zur Fahndungspolizei. In: Deutsches Polizeiblatt. Jg. 28. H. 3, S. 6-9.

Sächsisches Staatsministerium des Innern (2011a): Projekt „Polizei.Sach-sen.2020". Ergebnisse der Aufgabenkritik. Online verfügbar unter *http://polizei2020.-sachsen.de;* zuletzt geprüft am 12. Oktober 2011.

Sächsisches Staatsministerium des Innern (2011b): Projekt „Polizei.Sach-sen.2020". Feinkonzept zur künftigen Organisation der sächsischen Polizei. Online verfügbar unter *http://polizei2020.sachsen.de;* zuletzt geprüft am 12. Oktober 2011.

Schmid, Susanne (2010): Vor den Toren Europas? Das Potenzial der Migration aus Afrika. Nürnberg: Bundesamt für Migration und Flüchtlinge.

Schneider, Hans Joachim (Hg.) (2009): Internationales Handbuch der Kriminologie. Band 2. Berlin: De Gruyter.

Schwind, Hans-Dieter (2010): Kriminologie. Eine praxisorientierte Einführung mit Beispielen. 20. Auflage. Heidelberg: Kriminalistik Verlag.

Seeger, Matthias (2011): Systemische Bekämpfung irregulärer Migration im Rahmen der nationalen und internationalen Sicherheitsstruktur. Rede des Präsidenten des Bundespolizeipräsidiums Matthias Seeger anlässlich des Europäischen Polizeikongresses am 16.02.2011. In: Kriminalistik. Jg. 65. H. 3, S. 150-154.

Sieber, Ullrich / Bögel, Marion (1993): Logistik der Organisierten Kriminalität – Wirtschaftswissenschaftlicher Forschungsansatz und Pilotstudie zur Internationalen Kfz-Verschiebung, zur Ausbeutung durch Prostitution, zum Menschenhandel und zum illegalen Glücksspiel. Wiesbaden. Bundeskriminalamt.

Sinn, Annette; Kreienbrink, Axel; Loeffelholz, Hans Dietrich von; Wolf, Michael (2006): Illegal aufhältige Drittstaatsangehörige in Deutschland. Staatliche Ansätze, Profil und soziale Situation. Forschungsstudie 2005 im Rahmen des Europäischen Migrationsnetzwerks. Nürnberg: Bundesamt für Migration und Flüchtlinge.

Sinn, Arndt (2011): Der Rechtrahmen der Europäischen Union als Ursache für kriminogenes Verhalten. Profitiert die Organisiert Kriminalität von europäischen Entwicklungen? Vortrag auf dem Fachsymposium Organisierte Kriminalität des Bundeskriminalamtes am 28. September 2011 in Wiesbaden. (unveröffentlicht, liegt dem Verfasser vor).

Smidt, Wolbert K.; Poppe, Ulrike (2009) (Hg.): Fehlbare Staatsgewalt – Sicherheit im Widerstreit mit Ethik und Bürgerfreiheit. Berlin-Münster: LIT-Verlag.

Ständige Konferenz der Innenminister und -senatoren der Länder (Hg.) (2009): Programm Innere Sicherheit. Fortschreibung 2008/2009. Potsdam. Online verfügbar unter *http://www.bundesrat.de/cln_161/nn_8780/DE/gremien-konf/fachministerkonf/imk/Sitzungen/PIS-08-09,templateId=raw,property=publicationFile.pdf/-PIS-08-09.pdf*; zuletzt geprüft am 14.10.2011.

Stegmaier, Peter / Feltes, Thomas (2007): Vernetzung als Effektivitätsmythos für Innere Sicherheit. In: Aus Politik und Zeitgeschichte, H. 12, S. 18-25.

Stock, Jürgen (2009): International organisierte Schleusungskriminalität (Internationaler Handel mit Menschen). In: Schneider, Hans Joachim (Hg.): Internationales Handbuch der Kriminologie. Band 2. Berlin: De Gruyter. S. 103-119.

United Nations (1998): Recommendations on Statistics of International Migration, Revision 1. Statistical Papers Series M, No. 58, Rev.1. New York: United Nations.

United Nations (2000). Zusatzprotokoll gegen die Schleusung von Migranten auf dem Land-, See- und Luftweg zum Übereinkommen der Vereinten Nationen gegen die grenzüberschreitende organisierte Kriminalität (‚Palermo-Protokoll'). Generalversammlung. Abgeschlossen: 15.11.2000.

United Nations Department of Economic and Social Affairs, Population Devision (2007): World Population Prospects. The 2006 Revision. New York: United Nations.

United Nations Department of Economic and Social Affairs, Population Division (2009): Trends in International Migrant Stock. The 2008 Revision. New York: United Nations.

United Nations High Commissioner for Refugees (2009): UNHCR-Analyse der vorgeschlagenen Neufassung für die Dublin-II-Verordnung und die Eurodac-Verordnung. Online verfügbar unter *http://www.unhcr.at/fileadmin/-rechtsinfos/fluechtlingsrecht/2_europaeisch/2_2_asyl/2_2_1/FR_eu_asyl_dublin-HCR_DubIINeufassung.pdf;* zuletzt geprüft am 04. Dezember 2011.

Urlau, Ernst (2006): Migrationsproblematik im Kontext von Terrorismus. Vortrag BKA–Herbsttagung am 15. November 2006. Online verfügbar unter *http://www.bka.de/nn_193610/DE/Publikationen/Herbsttagungen/2006/herbsttagung2006__node.html?__nnn=true;* zuletzt geprüft am 11. Oktober 2011.

Van der Brink, Henning / Kaiser, Andre (2007): Kommunale Sicherheitspolitik zwischen Expansion, Delegation und Kooperation. In: Aus Politik und Zeitgeschichte, H. 12, S. 4-11.

Vogel, Dita; Cyrus, Norbert (2008): Irreguläre Migration in Europa – Zweifel an der Wirksamkeit der Bekämpfungsstrategien. Hamburgisches WeltWirtschaftsInstitut (HWWI). Online verfügbar unter *http://www.bpb.de/themen/-Z7P5SZ,0,Irregul%E4reMigration_in_Europa_%96_Zweifel_an_der_Wirksamkeit_der_Bek%E4mpfungsstrategien.html;* zuletzt geprüft am 11. Oktober 2011.

Vogel, Dita; Mitrovic, Emilija; Aßner, Manuel; Kühne, Anna (2009): Leben ohne Papiere. Eine empirische Studie zur Lebenssituation von Menschen ohne gültige Aufenthaltspapiere in Hamburg. Hamburg: Diakonisches Werk. Online verfügbar unter *http://www.diakonie-hamburg.de/fix/files/doc/Leben-_ohne_Pa piereLF.pdf;* zuletzt geprüft am 09. September 2011.

Wagner, Marc (2011): Von der „Repolizeilitarisierung" zum Reformreigen – 60 Jahre Bundespolizei. In: Die Polizei. Jg. 102. H. 4, S. 97-106.

Walter, Bernd (2011): Die ich rief, die Geister. Anmerkungen zum Bericht und zu den Empfehlungen der Kommission »Evaluierung Sicherheitsbehörden«. In: Die Polizei. Jg. 102. H.3, S. 65-72.

Westermann, Sophie (2009): Irreguläre Migration - ist der Nationalstaat überfordert? Staatliches Regieren auf dem Prüfstand. Marburg: Tectum.

Westphal, Volker; Stoppa, Edgar (2007): Ausländerrecht für die Polizei. Erläuterungen zum Ausländer- und Asylrecht unter Berücksichtigung des Europarechts und der Schengen-Regelungen. Lübeck: Eigenverlag.

Würtenberger, Thomas (2010): Sicherheitsarchitektur im Wandel. In: Kugelmann, Dieter (Hg.): Polizei unterm Grundgesetz. Baden-Banden: Nomos- S. 73-90.

Ziercke, Jörg (2006): Kriminalität im Kontext von Migration und ihre Auswirkungen auf die Sicherheitslage Deutschlands im europäischen Verbund. Rede BKA–Herbsttagung am 15. November 2006. Online verfügbar unter *http://www.bka.de/nn_193610/DE/Publikationen/Herbsttagungen/2006/herbsttagung2006__node.html?__nnn=true;* zuletzt geprüft am 11. Oktober 2011.

Zeitfracht Medien GmbH
Ferdinand-Jühlke-Straße 7
99095 Erfurt, Deutschland
produktsicherheit@kolibri360.de